Werner Plate
Helene Etminan

Der Tod als Durchgang zu neuem Leben

Die Sichtweisen der verschiedenen Religionen

Das Totenbuch des Westens

Verlag Via Nova

Werner Plate
Helene Etminan

Der Tod als Durchgang zu neuem Leben

Die Sichtweisen
der verschiedenen Religionen

Das Totenbuch des Westens

Verlag Via Nova

1. Auflage 2008
Verlag Via Nova, Alte Landstraße 12, 36100 Petersberg
Telefon (06 61) 6 29 73
Fax (06 61) 9 67 95 60
E-Mail: info@verlag-vianova.de
Internet:
www.verlag-vianova.de

Umschlag: Avak Publikationsdesign, München
Satz: typo-service kliem, 97647 Neustädtles
Druck und Verarbeitung: Fuldaer Verlagsanstalt, 36037 Fulda
© Alle Rechte vorbehalten
ISBN 978-3-86616-113-9

*Herr, lehre uns bedenken,
dass wir sterben müssen,
auf dass wir weise werden.*

Gebet von Moses
(Psalm 90)

Inhaltsverzeichnis

Persönliches Vorwort Helene Etminan	9
Persönliches Vorwort Werner Plate	11
Einleitung	17
Leben nach dem Tod?	17
Warum ein Totenbuch des Westens?	20
Verschiedene Sichtweisen in Ost und West	23
Religionen – Sichtweisen der einen *Wahrheit*	23
Der Mensch und seine Erlösung	27
Die Absonderung des Menschen von Gott	27
Das Ziel aller Religionen – Erlösung	29
Selbst-Erlösung oder Gnade?	31
Die christliche Sichtweise	33
Kleine Geschichte des Todes	35
Die Lehre von den Letzten Dingen	42
Reinkarnationsvorstellungen im frühen Christentum?	49
Die zyklische Sichtweise des Ostens	57
Der Hinduismus – die älteste Religion der Welt	57
Was ist eigentlich Yoga?	61
Der Buddhismus	63
Das Tibetische Totenbuch	67
Entstehung und Bedeutung	67
Befreiung durch Hören	70
Ein Buch für Lebende	72
Der Tod und der Nach-Tod	73
Der menschliche Geist und seine Bedeutung für den Nach-Tod	73

Die lästige „Schuld"-Frage	79
Der Nach-Tod und seine Phasen	83
Das Totenbuch des Westens für die Begleitung von Verstorbenen	100
Einleitung zum Totenbuch	100
Sprechtext zur Begleitung von Verstorbenen	105

Die Sterbebegleitung   125

Konsequenzen für das eigene spirituelle Wachstum   131

Die esoterische Tiefe der Religionen neu entdecken   135
Schlusswort

Literaturhinweise   138

Persönliches Vorwort
Helene Etminan

Im Sommer 2002 verstarb sehr plötzlich der Sohn einer Freundin. Noch ziemlich unter Schock rief sie an und fragte, ob ich am nächsten Tag kommen wolle, um mit ihren Freunden und Verwandten eine kurze Andacht zu halten und ein Gebet zu sprechen. In diesem Zusammenhang erzählte ich ihr vom Tibetischen Totenbuch und auch davon, dass im Holistic Yoga Zentrum München eine Kurzfassung existieren würde, die ich gern ihrem verstorbenen Sohn vorlesen wolle. Sie stimmte zu und danach trafen wir uns mehrere Male mit Freunden und Angehörigen zu einer gemeinsamen „Andacht", bei der ich den Text vortrug.

Aber mit diesem Text war es nicht so einfach! Ich hatte ihn schon einige Male für Verstorbene vorgelesen, aber dabei war ich allein. Diesmal war es eine Gruppe und das brachte gewisse Schwierigkeiten mit sich. Die Zuhörer hatten viele Fragen zum Text, also musste ich wiederholt einleitende Erläuterungen geben, damit sie trotz der Fremdartigkeit des Textes doch im Wesentlichen begreifen konnten, worum es eigentlich ging. Glücklicherweise waren sie offen für spirituelle Dinge und auch für andere Religionen. Eine weitere Schwierigkeit betraf die hoch-komprimierte Sprache des Textes. Da Verstorbene im Nach-Tod diese Erfahrungen selbst machen, sind sie viel besser in der Lage, den Text zu verstehen, als lebende Personen. Für einen gerade Verstorbenen würde dieser Text also kein Problem darstellen, wohl aber für die Zuhörer. Also schob ich Sätze dazwischen, erläuternde, füllende, verbindende, die der besseren Verständlichkeit dienten. Eine noch viel größere Schwierigkeit aber stellten die Textstellen dar, in denen es um das Leiden eines Verstorbenen geht, das er als Folge seiner nicht guten Handlungen nun im Nach-Tod hinzunehmen hatte, die ständige Wiederholung genau des Leidens, das er anderen zugefügt hatte und nun selbst erfahren musste. Das Tibetische Totenbuch ist nicht gerade zimperlich, wenn es um die Aufzählung von Erfahrungen geht, die wir zwischen Tod und Wiedergeburt machen. Im dortigen Kulturkreis sind die Menschen mit diesen Vorstellungen vertraut, für uns hier sind sie vielfach schockierend. Unkenntnis, gemischt mit der christlichen Hoffnung auf einen verzeihenden Gott, weckt in vielen Menschen die Vorstellung von einer eher gradlinigen

Reise zum Licht und zur ewigen Glückseligkeit. So ist es in der christlichen Lehre vom Nach-Tod nicht gemeint, aber das *erhoffen* Menschen sich. Natürlich wünschen wir unseren Verstorbenen, dass es ihnen gut geht, und deshalb war es für mich eine unglaubliche Schwierigkeit, die Angehörigen mit den eher heftigen Schilderungen bestimmter Phasen des Nach-Tods zu konfrontieren. Ich milderte also den Text ab, um die Angehörigen emotional zu schonen, und schrieb eine sanftere Fassung. Werner Plate, der die Kurzfassung des ursprünglichen Textes aus dem Englischen ins Deutsche übersetzt hatte und mit dem ich hierüber sprach, meinte aber vollkommen berechtigt, dass das Vorlesen des Textes in erster Linie dem *Verstorbenen* zu dienen habe, als Leitfaden, als Kompass bei der Irrfahrt durch den Nach-Tod. Der Text hat nicht die Absicht, die Angehörigen in ihrer Trauer zu begleiten. Ich wusste, was er meinte, wollte aber doch auch gern eine Lösung für die Angehörigen finden, die dem christlichen Kulturkreis angehörten.

Nachdem die Gruppe einige Sitzungen mit dem Vorlesen des gemilderten Textes zugebracht hatte, fragten die Zuhörer nach Kopien dieses Textes. Sie wollten zu Hause den Text auch allein vorlesen können – diesem oder anderen Verstorbenen. Wieder kam ich in eine Zwickmühle: Einerseits verstand ich ihren Wunsch, andererseits wusste ich, wie weit der Text, den wir gelesen hatten, vom ursprünglichen Original entfernt war. Was tun? Ich zog mich aus der Klemme, indem ich darauf verwies, dass der Text nicht veröffentlicht war und dass noch andere Menschen „Rechte" an diesem Text hätten. Die Zuhörer hatten Verständnis dafür, aber damit war ihr Problem noch nicht gelöst. Nach einigen Tagen Ratlosigkeit rief ich Werner Plate an, um zu fragen, ob er Lust habe, den Text als Buch herauszugeben, und er stimmte zu. Beiden war uns klar, dass wir dieses Buch schreiben wollten, und wir waren uns auch einig darin, dass wir es mit Informationen zur christlichen Sichtweise des Nach-Tods ergänzen wollten. Denn die Leser dieses (westlichen) Totenbuchs gehören dem *christlichen* Kulturkreis an, auch wenn sich viele Menschen inzwischen vom Christentum abgewendet haben. Mit diesem Buch wollen wir Menschen die Möglichkeit geben, trotz der Fremdartigkeit des ursprünglichen tibetanischen Textes und trotz der Fremdheit, die die christliche Sichtweise mit Hölle und Fegefeuer inzwischen bei vielen Menschen auslöst, doch ein Verständnis für die Geschehnisse im Nach-Tod zu entwickeln. Es geht darum, ein Gespür dafür zu bekommen, dass es bei diesen Dingen nicht um *Glauben* geht, sondern um *geistige Realität*.

Persönliches Vorwort
Werner Plate

Das Tibetische Totenbuch fasziniert und begleitet mich bereits mein gesamtes Erwachsenenleben lang. Es hat mir Orientierung und Hilfe gegeben und ein unbändiges Verlangen entfacht, die wahre Natur unserer menschlichen Existenz zu entschlüsseln.

Meine erste Begegnung mit diesem geheimnisvollen Buch hatte ich im Alter von 17 Jahren. Die Schwelle zum Erwachsenwerden erlebte ich als eine Zeit großer Verunsicherung. Überzeugt, nicht alt zu werden, fragte ich mich, was ich Sinnvolles mit meinem Leben anfangen sollte, konnte aber keine Antwort finden. Die Welt, das Leben erschienen mir wie ein irrealer Traum. Oft fühlte ich mich wie kurz vor einem Erwachen, das ich einerseits suchte, aber gleichzeitig fürchtete. War das Ende des Traums nicht letztendlich der Tod? Dieser Gedanke machte mir große Angst, die zeitweise so stark wurde, dass ich in Zustände geriet, die mir wie der Tod selbst erschienen. In diesen Momenten erwachte in mir ein unbändiger Lebenswille, der mich gegen die scheinbare Realität des Todes ankämpfen ließ. Obwohl ich spürte, dass letztendlich meine eigene Verweigerung des Todes die Todesangst immer mehr anwachsen ließ, konnte ich dieser instinkthaften Verweigerung nichts entgegensetzen. Manchmal geschah es, dass ich in einen Zustand völliger Hingabe geriet und mich dem scheinbaren Tod überantwortete. In diesen Momenten verwandelte sich die Todesangst in eine Erfahrung von Einheit und Glückseligkeit. Dies geschah jdoch nur selten. Meistens schaffte ich es, mich irgendwie zu beruhigen. Aber wenn sich die Angst wieder legte, verblieb in mir ein Gefühl des Versagens. Etwa so, wie eine wichtige Prüfung nicht bestanden zu haben. Dann hoffte ich, trotz aller Furcht, mich dieser Todesnähe wieder stellen zu dürfen.

Der Kern dieser Konfrontationen mit dem Tod war letztendlich eine Leere, die meine eigenen Gedanken und Gefühle reflektierte. Negative, angstvolle Gedanken und Gefühle führten zu unerträglichen Körperempfindungen und großer Furcht. Positive Gedanken und Gefühle erzeugten ein schier unbeschreibliches Wohlgefühl. Mir wurde klar, dass alle unangenehmen und Furcht erregenden Aspekte dieser Erfahrungen meinem eigenen Geist entsprangen. Aber wie sollte ich dagegen angehen? Vielmehr stellte ich fest, dass, je mehr ich gegen einen bestimmten Gedanken anging, dieser gerade dadurch umso deutlicher und bestimmender wurde.

In dieser Zeit fiel mir durch Zufall der Prospekt einer Schweizer Versandbuchhandlung in die Hände. Darin wurde unter anderem auch das Tibetische Totenbuch angeboten. Ich hatte nicht die geringste Ahnung vom tibetischen Buddhismus. Da mich aber die Frage nach dem Tod und die Vorgänge im Zusammenhang damit sehr beschäftigten, bestellte ich das für mich damals schier unbezahlbare Werk. Als ich das Buch nach langem Warten endlich in Händen hielt, zog es mich völlig in seinen Bann. Zwar hatte ich keine Vorstellungen von der Bedeutung der unterschiedlichen Buddhas, Dämonen und Gottheiten, trotzdem erschien mir das Geschriebene vertraut. Es war, als würde es in verborgenen Teilen meines Bewusstseins eine Resonanz hervorrufen, Glocken ins Schwingen bringen, die bisher geschwiegen hatten. Bis zu diesem Zeitpunkt hatte ich mich mit meinen seltsamen Todeszuständen sehr allein gefühlt. Es war eine unglaubliche Erleichterung, dass ein Jahrtausende altes Weisheitsbuch existierte, das sich genau diesem Thema widmete. So wurde das Totenbuch zu meinem Freund und Helfer. Ich las es wieder und wieder. Obwohl ich einerseits das Gefühl hatte, auf einer tiefen Ebene zu verstehen, fühlte ich mich andererseits noch meilenweit davon entfernt, die Vorgänge um Tod und Nach-Tod auch intellektuell nachvollziehen zu können. Würden mir nach dem Tod tatsächlich Buddhas erscheinen? Hieße dies, dass überzeugte Christen nach dem Tod erkennen müssten, ihr Leben lang an das Falsche geglaubt zu haben? Es wollte mir nicht einleuchten, dass nur die relativ wenigen tibetischen Buddhisten die Wahrheit über die Zeit nach dem Tod wissen sollten. Die Buddhas mussten eine Bedeutung haben, etwas beschreiben, was von einem Christen, Hindu oder Moslem mit anderen Worten ausgedrückt werden würde. Ich begann Bücher der unterschiedlichen Religionen zu studieren, um herauszufinden, was dort über die Zeit nach dem Tod bekannt war. Das wenige, was ich fand, deckte sich nur sehr begrenzt mit den Beschreibungen des Tibetischen Totenbuches. Zwar erwähnten viele Schriften ein Strafgericht, ein Fegefeuer, die Hölle und das Paradies, aber große Religionen wie das Christentum und der Islam bauten im Gegensatz zum tibetischen Buddhismus auf der Überzeugung auf, dass es nach dem Tod keine neue Geburt geben wird. Wie passte das alles zusammen? Jeder Mensch musste doch sterben, wieso gab es keine klare Beschreibung darüber, was uns nun tatsächlich nach dem Tod erwartet? Die meisten Menschen, die ich danach fragte, wiesen mich darauf hin, dass ja noch niemand zurückgekommen sei, um davon zu berichten, deshalb würde ich wohl nie erfahren, was nach dem Tod wirklich geschehen würde. Alle Beschreibungen dieser Phase seien nur Glaube, Geschichten und Hoffnungen – ohne Verbindung zur Realität. Wahrscheinlich würde alles einfach enden. Das Gehirn gibt seine Tätigkeit auf und … Ende…. Aber das Totenbuch *existierte*. Dort wurde beschrieben, was uns nach dem Tod erwartet, und zwar *jeden* Menschen erwartet. Ich musste herausfinden, was die Buddhas bedeuten. Zu diesem Zeitpunkt ahnte ich nicht, dass ich am Beginn einer jahrzehntelangen Suche stand, vielleicht hätte ich sonst nie damit begonnen.

Es ist nicht so, dass ich seitdem ständig nach der Wahrheit über den Nach-Tod gesucht hätte. Tatsache ist, dass ich die Suche nach einiger Zeit wieder aufgab. Wie so oft, wenn wir etwas wollen, es aber nicht sofort erreichen, wendete sich auch mein Geist anderen Themen zu. Das ist einfacher, als sich immer und immer wieder diesem nagenden Gefühl des Versagens zu stellen. Ich wollte wieder „normal" sein und mich nicht ständig mit religiösen und philosophischen Fragen beschäftigen. Als ich aber versuchte, ein normaler Jugendlicher zu sein, stellte ich fest, dass ich völlig den Anschluss verpasst hatte. Ich fühlte mich lebensunfähig und von anderen isoliert. Es begann ein langer therapeutischer Prozess. Ich besuchte Therapeuten, Selbsterfahrungsseminare, Meditationsretreats, Atemkurse, Trainings, Ausbildungen in den Methoden der humanistischen Psychologie und lauschte Lehrern der unterschiedlichsten Ausrichtungen. Das Gefühl der Lebensunfähigkeit verging, aber mein Interesse an den spirituellen Wahrheiten des Lebens wuchs durch die intensive Beschäftigung mit mir selbst weiter an. Mir wurde immer klarer, dass ich, um die Vorgänge im Tod verstehen zu können, zuerst wissen musste, wer ich selbst war. Ich begann, mich in die Frage „Wer bin ich?" zu vertiefen. Ich hatte gehört, dass durch die fortwährende Kontemplation dieser Frage eine Erfahrung von vollständigem Wissen in Bezug auf meine Existenz zu erlangen sei. Tatsächlich trat nach einiger Zeit eine solche Erfahrung ein. Ich erlebte sie als einen Moment, in dem jede Suche in mir erlosch. Ich erfuhr mich selbst, das Leben, andere Menschen als Ausdruck höchster Perfektion. Es gab nichts mehr zu suchen oder zu erreichen. Das Leben war erfüllt, so wie es war. Teil dieser Erfahrung war auch das unumstößliche Wissen, dass es eine bewusste Existenz jenseits des vergänglichen, materiellen Körpers gab und dass dieses

Unvergängliche meine eigene wahre Natur ist. Besonders überraschte es mich, dass diese Erfahrung sich nicht ungewohnt und neu anfühlte, sondern im Gegenteil von dem sicheren Gefühl begleitet war, *nach Hause* gekommen zu sein, als sei das, was ich bis zu diesem Zeitpunkt für wahr gehalten hatte, das Leben in der *Fremde* gewesen. Auch wusste ich, dass ich dies nicht zum ersten Mal erlebte.

Diese Erfahrung verblasste wieder, aber in mir blieb das Wissen, dass meine wahre Natur, unabhängig vom Zustand des Körpers, auch über den Tod hinaus weiter existieren würde. Aber was bedeutete dies in Bezug auf das Tibetische Totenbuch? Wenn die Verfasser des Totenbuches auch diese Art von Wissen besaßen, dann müsste jetzt doch ein neues, tieferes Verständnis zu erreichen sein?

Immer wieder war ich unterschiedlichsten Fassungen des Tibetischen Totenbuchs begegnet. Inzwischen gab es auch erste Versuche, es dem westlichen Denken zu erschließen, aber die Übersetzungen und Kommentare verwirrten mich mehr, als dass sie halfen, da es offensichtlich mehrere Interpretationen der Vorgänge des Nach-Tods gab. Welche war die richtige? Auch die westlichen Fassungen waren nicht einheitlich, dort wurde noch immer von den Buddhas gesprochen, als sei ganz klar, dass auch westlichen Menschen im Nach-Tod Buddhas erscheinen würden. Immer noch erklärte niemand, was diese Buddhas eigentlich bedeuteten. Es musste sich dabei um Wahrheitserfahrungen handeln. Aber welche Erfahrungen waren das und wie standen sie in Beziehung zum menschlichen Geist?

Meine Beschäftigung mit spirituellen Lehren und den Methoden der humanistischen Psychologie war eine ständige Auseinandersetzung mit dem Geist. Zwar fand ich die unterschiedlichsten Beschreibungen des Geistes, aber keine half mir, die Vorgänge im Nach-Tod wirklich zu verstehen. Vor einigen Jahren erhielt ich dann eine Einladung zu einer Initiation in die 100 zorn- und friedvollen Gottheiten des Bardos. Als Bardo wird im Tibetischen Buddhismus der Bereich des Nach-Tods bezeichnet. Obwohl mich das Totenbuch schon Jahrzehnte beschäftigte, war ich nie formal in dieses Wissen initiiert worden. Die Einladung war eine Möglichkeit, dies nachzuholen. Zu diesem Zeitpunkt hatte ich die Hoffnung, das Mysterium des Nach-Tods zu lösen, eigentlich aufgegeben. Mein Interesse galt inzwischen eher dem Geist, besonders der Frage nach seiner grundlegenden Struktur.

Während der Initiation in die Gottheiten des Bardos wurde mir klar, dass dort der Geist beschrieben wurde. Nach der Einweihung begann ich mit der täglichen Meditationspraxis. Dabei visualisierte ich die Gottheiten des Bardos und sprach ein entsprechendes Mantra. Während dieser täglichen Meditation begannen sich, ohne dass ich mich darum bemühen musste, die Erkenntnisse und Erfahrungen, die ich in vielen Jahren des Studiums und der Praxis gesammelt hatte, mit den Gottheiten des Bardos zu verbinden. Mit jeder Meditation formte sich ein klareres Bild der Abläufe im Nach-Tod. Das Totenbuch begann, mir sein Jahrtausende altes Wissen zu entfalten.

Ob heute oder vor zehntausend Jahren, nichts hat sich an den Vorgängen um den Tod verändert. In früheren Zeiten haben Menschen offensichtlich die Geheimnisse des Todes erforscht und enthüllt. Dieses Wissen hat in Schriften wie dem Tibetischen Totenbuch die Jahrtausende überdauert. Der moderne Mensch hat zwar im materiellen Bereich große Fortschritte gemacht, scheint sich aber in anderen Bereichen, zum Beispiel in Bezug auf das Wissen rund um Tod und Sterben, eher zurückentwickelt zu haben. So sind wir nicht mehr ohne weiteres in der Lage, die Symbole dieser früheren Zeiten wirklich zu verstehen und in die heutige Sprache zu übersetzen. Das Tibetische Totenbuch ist offensichtlich weit mehr als ein Begleiter durch den Nach-Tod. Es ist ein Wahrheitsbuch, das uns die Geheimnisse der Schöpfung enthüllt und uns den Weg weist, um aus der Illusion des Lebens in unsere eigene *Göttlichkeit* zurückzukehren.

Ich fühle mich sehr erleichtert! Eine mehr als 30 Jahre lange Suche nach Verstehen ist zu einem (vorläufigen?) Abschluss gekommen. Es mag sein, dass ich mich in meiner Interpretation des Totenbuches irre, aber für mich fühlt es sich gut und richtig an. Vielleicht werden andere Interpreten zu anderen Schlüssen kommen? Dann hoffe ich, dass meine Fassung für ihren Verstehensprozess hilfreich ist. Ich wünsche mir sehr, etwas dazu beitragen zu können, die Trennung, die scheinbar zwischen den unterschiedlichen Religionen besteht, zu überwinden. Mein tiefster Glaube ist es, dass alle Religionen letztendlich derselben *Quelle* entspringen, dass alle Unterschiede nur äußerlich sind und wir eines Tages erkennen, dass wir alle auf dem Weg zur selben *Wahrheit* sind.

Einleitung

Leben nach dem Tod?

Wenn Menschen der heutigen Zeit sich für das Thema *Tod und Sterben* interessieren, dann beschäftigen sie sich oftmals mit den Erfahrungen des Sterbeprozesses (Nah-Tod-Erfahrungen), mit der Sterbebegleitung oder mit dem Trauerprozess der Hinterbliebenen. In unserem Buch hier wird es aber um den Tod an sich gehen und um die Prozesse oder Erfahrungen, die ein Verstorbener im so genannten Nach-Tod machen wird. Unsere Ausführungen basieren hauptsächlich auf dem Tibetischen Totenbuch, wir werden uns aber auch mit verschiedenen Religionen beschäftigen und werden schauen, wie diese das Geschehen im Nach-Tod interpretieren. Immer wird es um spirituelles Wachstum gehen und die Religionen sind sich darin einig, dass der Tod und der Nach-Tod ausgezeichnete Momente sind, um spirituell zu wachsen. Im Tod können wir Gott näher kommen und sogar eins mit Ihm werden. Das vorliegende Buch bietet also einen wichtigen Beitrag, der mit seinen Ausführungen zum Geschehen im Tod und im Nach-Tod das heutige Wissen und die persönliche Erfahrung mit Sterbebegleitung oder Trauerarbeit sinnvoll ergänzt.

Noch bis zum Mittelalter war die bewusste Vorbereitung auf den eigenen Tod ein fester Bestandteil des gläubigen Lebens. Heute ist es eher so, dass dieses Thema individuell und gesellschaftlich verdrängt wird und aus dieser Verdrängung heraus enorme Macht über uns bekommen hat, in Form von bewusster oder unbewusster Angst vor dem Tod. Es ist nicht mehr üblich, aus der Erkenntnis der eigenen Vergänglichkeit Konsequenzen zu ziehen. Aber was, wenn die alten Glaubenswahrheiten sich irgendwann doch als *wahr* herausstellen? Dann wäre es möglicherweise wohl sinnvoll, darüber nachzudenken, wie wir unser Leben leben müssten, um es in Übereinstimmung mit diesen Wahrheiten zu bringen. Denn mit den Vorstellungen über den Nach-Tod wird in allen Religionen immer zugleich auch eine Mahnung an die (noch) Lebenden verbunden, mit ihrer Freiheit verantwortungsvoll umzugehen.

Heute glauben viele Menschen jedoch, dass unsere geistigen Funktionen nichts weiter seien als elektro-chemische Prozesse im Gehirn. Sie bestreiten, dass es einen feinstofflichen, geistigen Bereich des menschlichen Wesens gibt, einen Bereich, der jenseits und unabhängig vom materiellen Körper existiert. Sie sagen, der Mensch sei sein Körper, mit dem Tod würden alle Körperfunktionen und somit auch Denken und Bewusstsein enden. Wäre dies so, dann würde das bedeuten, dass wir biologische Maschinen sind. Jede Suche nach einem tieferen Sinn unseres Daseins würde sich erübrigen. Als einzig sinnvolle Aufgabe – außer der Pflege, dem Erhalt des Körpers und der Befriedigung seiner Bedürfnisse – bliebe uns nur noch, Regeln zu entwickeln, die für ein friedliches Miteinander sorgen. Was letztendlich auch wieder dem Erhalt und Wohlgefühl des eigenen Körpers dienen würde. Neue Entdeckungen auf dem Gebiet der Bewusstseinsforschung scheinen diese These vom Menschen als biologischer Maschine zu bestätigen. Sollte die Suche nach einem höheren Sinn des Seins und die Idee einer spirituellen Dimension des Menschen nur Illusion sein? Letztendlich nur eine Folge von elektrischen Impulsen, die im Bio-Roboter Gehirn als sinnvoll angesehen werden?

In Anbetracht dieser Sichtweise wären Schriften wie die berühmten Totenbücher der Tibeter oder Ägypter reine Hirngespinste, Bücher, in denen behauptet wird, dass ein Teil des Menschen über den Tod seines Körpers hinaus weiter existiert. Aber wie können Menschen so detailliert über einen Bereich berichten, von dem doch eigentlich niemand berichten kann, wenn mit dem Tod des Körpers alles endet? Und was ist mit dem Glauben an Reinkarnation, was ist mit den Erfahrungen von einigen Menschen, die behaupten, schon einmal in einem anderen Leben gelebt zu haben?

Sollte der Mensch wirklich ein rein materielles Wesen sein, dann stellt sich die Frage, welche Kräfte, welche Logik die Moleküle und Atome dazu bringen, sich zu einer so perfekten Maschine zusammenzufügen. Liegt der Natur ein inneres Muster zugrunde, nach dem sich die Bausteine der Materie anordnen und so die unterschiedlichen Wesen und auch den Menschen erschaffen? Auch das Muster zur Bildung des Gehirns und damit des Bewusstseins müsste dann in dieser Schöpfungs-Schablone enthalten sein. Wenn Bewusstsein aber nicht nur ein Zufallsprodukt der Evolution ist, sondern möglicherweise ein Grundmuster des Seins überhaupt, dann müsste es sich auch außerhalb des menschlichen Körpers finden lassen. Gibt es neben dem individuellen menschlichen Bewusstsein ein Ur-Bewusstsein, das die gesamte Schöpfung durchdringt? Das würde den Worten: „Gott erschuf den

Menschen nach seinem Ebenbild" eine ganz neue Bedeutung geben. Wer oder was ist dann dieser Gott? Offensichtlich kein alter Mann mit Bart, der vom Himmel aus die Geschicke der Menschen lenkt. Er wäre uns dann sehr viel näher, als wir bisher realisiert haben.

Dieses Buch hier basiert auf dieser zweiten Annahme, dass nämlich unabhängig von Körper und Gehirn ein Bewusstsein existiert. Ein Bewusstsein, das über den Tod hinaus weiter besteht und die Erfahrungen des Nach-Tods durchlebt. Ein wirkliches Verständnis der Erfahrungen des Nach-Tods können wir nur in dem Maße erlangen, wie unser Verständnis dieses außerkörperlichen Bewusstseins wächst. In unserem Buch werden wir immer wieder vom Geist sprechen[1]. Wir werden erläutern, was der Geist ist und welche Beziehung zwischen ihm und unserem Bewusstsein besteht. Das Wissen um die Natur und den Aufbau des Geistes wird uns helfen, die Prozesse nach dem Tod des Körpers besser zu verstehen, im eigenen Nach-Tod handlungsfähig zu bleiben und so eventuell eine Wiedergeburt zu vermeiden bzw. günstig zu beeinflussen.

Viele Menschen haben die christlichen Kirchen verlassen und damit oft auch ihren Glauben abgelegt. Gleichzeitig aber nimmt die Zahl der Menschen zu, die sich als religiös bezeichnen. Religiös in dem Sinne, dass sie annehmen, dass es mehr gibt zwischen Himmel und Erde als das, was wir sehen. Allerdings bleibt das, was sie da vermuten, oft sehr vage. Sterbenden, aber auch ihren Angehörigen fehlt deshalb oft ein Glaubenssystem, das sie in dieser schwierigen Zeit unterstützen könnte. Denn mit der Kritik an den Kirchen verschwand auch das Vertrauen in die Glaubenswahrheiten, die den Tod und den Nach-Tod betreffen. Gebete für die Verstorbenen werden zwar noch gesprochen, aber wofür sollen diese Gebete gut sein, wenn wir nicht mehr an das Göttliche glauben? Sie sind so eher ein Ausdruck der eigenen Hilflosigkeit und Trauer, als dass sie ein Hilfsmittel wären, die Verstorbenen im Nach-Tod zu unterstützen. So beherrschen Unsicherheit, Fragen, Zweifel, Angst und vage Vorstellungen den Sterbeprozess, logischerweise verbunden mit dem Versuch, alles medizinisch Machbare zu

---

[1] Wir weichen bei der Verwendung des Begriffes *Geist* ab von der Bedeutung, die er in der christlichen Theologie hat. *Geist*, wie wir ihn verstehen, würde im christlichen Glauben eher als *Seele* bezeichnet. Das Verständnis der *wahren* Natur unseres *Geistes* wird uns im Verlauf des Buches zu einem klareren Verständnis dessen führen, das wir im christlichen Kulturkreis *Gott* nennen.

tun, um das Sterben zu verhindern. Was für ein Irrtum! Ein Irrtum, der entsteht, wenn in einer Kultur das Wissen um den Nach-Tod verloren geht.

Warum ein Totenbuch des Westens?

Falls es den Nach-Tod wirklich gibt, dann müssen die im Tibetischen Totenbuch beschriebenen Prozesse logischerweise so oder anders auch den Erfahrungen westlicher Menschen entsprechen. Für Nicht-Buddhisten ist es aber äußerst schwierig, in den fremden tibetischen Symbolen einen Prozess zu erkennen, der sie selbst betrifft. Die Beschreibungen des Nach-Tods in unserem Buch basieren einerseits auf dem Tibetischen Totenbuch und andererseits auf der yogischen Sicht des menschlichen Geistes. So wird ein Wissen zugänglich, das für den Umgang mit dem Tod von großer Wichtigkeit ist, aber auch für die Beantwortung der Frage, wie wir unserem Leben – außer der Befriedigung der körperlichen Bedürfnisse – einen tieferen Sinn geben können.

Die ursprüngliche Bedeutung von Symbolen, ihr Gehalt, ändert sich im Laufe der Zeit und kann schließlich ganz verloren gehen. Irgendwann sind Menschen dann nur noch mit der Außenseite der Symbole beschäftigt und nicht mehr mit der *Wahrheit*, für die diese Symbole stellvertretend stehen. Buddhas beginnen dann ein interessantes Eigenleben zu führen, wo sie ursprünglich für Qualitäten des Seins standen. Den christlichen Symbolen ergeht es ähnlich. Wer begreift heute noch, was mit dem *Heiligen Geist* gemeint ist? Und was mit der *Dreifaltigkeit?* Wenn der eigentliche Gehalt von (Sprach)-Symbolen nicht mehr verstanden wird, das heißt, wenn Menschen keinen Zugang mehr zu der dahinter liegenden Wahrheit haben, dann werden Symbole „hohl". Schlimmer noch: Wenn wir an Symbolen haften, die nicht mehr verstanden werden, nicht mehr er-lebt und be-lebt werden, dann lenkt dieses Haften an der äußeren Form von der eigentlichen *Essenz* dahinter ab. Die *Essenz* ist ewig, die Form veränderlich. Dass Symbole nicht – oder nicht mehr – verstanden werden, ändert aber nichts an den Ewigen Wahrheiten, für die sie eigentlich stehen. Nur, wo bekommen wir eine Sprache her, die verstanden wird und die doch die eigentlichen Wahrheiten ausdrückt?

Das Tibetische Totenbuch ist voller Symbolik, deren Wahrheitsgehalt uns westlichen Menschen zunächst in einem doppelten Sinne verborgen bleibt.

Einmal, weil sie sich auch in der tibetischen Kultur nur *Eingeweihten* erschließt, und zum Zweiten, weil uns der buddhistische Charakter der Symbole – der vielen und viel-farbigen Buddhas zum Beispiel – nicht so ohne weiteres zugänglich ist. In einem Vorwort zum Tibetischen Totenbuch sagt Lama Govinda, dass die Inhalte des Geistes je nach Kultur variieren. Sie spiegeln immer den kulturellen oder religiösen Hintergrund einer Person. Darum können westliche Menschen, die sich nicht wirklich eingehend mit dem Buddhismus beschäftigt haben, mit der Symbolik des Tibetischen Totenbuchs nicht viel anfangen, weder im Leben noch im Nach-Tod, falls ihnen dann – in bester Absicht – jemand das Tibetische Totenbuch vorlesen würde. Es ist jedoch möglich, die *Essenz* des Tibetischen Totenbuchs aus seinem kulturellen Hintergrund herauszulösen. Sein geistiger Wert ist nicht an eine bestimmte Zeit oder Kultur und nicht an einen bestimmten Ort gebunden. In jedem Zeitabschnitt finden diese Wahrheiten ihren Platz und ihren Ausdruck und damit die Form, die den Nöten der Menschen entspricht und auf sie antwortet. Unsere Bearbeitung des Totenbuches will – losgelöst von kulturell gebundener Symbolik – das eigentliche, sozusagen *archetypische* und *universelle* geistige Geschehen im Nach-Tod deutlich machen.

Dabei werden aufmerksame Leser schon bald bemerken, dass sich die unterschiedlichen Religionen gar nicht so sehr voneinander unterscheiden, wie es bei oberflächlicher Betrachtung erscheint. Die Unterschiede liegen eher im Bereich der verwendeten Symbole als im Bereich der hierdurch ausgedrückten Wahrheiten. Alle großen Religionen sprechen – wenn auch mit anderen Worten – vom Paradies bzw. von paradiesischen Gefilden, von Engeln, von Höllen, Teufeln, Dämonen, Läuterung, Fegefeuer und Gericht. Einig sind sich die Religionen vor allem darin, dass wir nach dem Tod dem Absoluten (Gott) begegnen, nur haben alle diesem *Höchsten* einen anderen Namen gegeben. Letztendlich sind wir bei unseren Studien nur auf einen auffälligen – scheinbaren – Unterschied gestoßen: Buddhismus und Hinduismus glauben an eine Wiedergeburt, Islam und Christentum nicht. Bei genauem Studium unseres Buches wird sich für den Leser aber auch dieser Punkt klären, und es wird deutlich werden, dass alle Religionen tatsächlich dasselbe berichten, nur mit anderen Worten und mit anderen Symbolen.

Dieses Buch ist aus dem tiefen Verlangen entstanden, *verstehen* zu wollen. Wir versuchen, die wesentlichen Aussagen des Totenbuchs der Tibeter in eine Form und Sprache zu bringen, die für westliche Menschen verständlich ist. Um dem Leser grundlegendes Wissen hierüber zugänglich zu machen, wird deshalb vor allem die buddhistische Sichtweise des Geschehens im Nach-Tod erläutert werden. Da wir Westler aber in einer Kultur leben, die durch das Christentum geprägt wurde, wäre es gut, wenn parallel zum östlichen Denken auch die christliche Sichtweise dargestellt würde. Wir haben uns deshalb entschieden, in diesem Buch auch ausführlich auf die christliche Sichtweise des Nach-Tods einzugehen. Denn viele Menschen haben keine oder nur vage Informationen über die Vorstellungen, die es im Christentum zum Geschehen im Nach-Tod gibt. Beim Beschreiben dieser Vorstellungen werden wir Gebrauch machen von den üblichen Begriffen wie Himmel, Hölle, Sünde, Fegefeuer, Auferstehung usw., genauso wie wir auch beim Buddhismus die entsprechenden Worte benutzen werden. Damit entsteht eine gewisse Spannung, die uns sehr wohl bewusst ist und von der wir vermuten, dass einzelne Leser sie bei ihrer Beschäftigung mit *Glaubenssachen* sowieso erleben. Viele Begriffe wurden im Laufe der Zeit zu Reizworten. Wir haben uns entschieden, diese Reizworte nicht zu vermeiden, sondern möchten vielmehr den Leser einladen, sich von der Wortwahl (christlich, wie östlich) nicht abschrecken zu lassen. Es geht immer um die *Essenz* dahinter.

In unseren Ausführungen haben wir die alten sprachlichen Symbole (Sprach-Bilder) der Religionen benutzt, manchmal aber auch versucht, alte Wahrheiten in einer neuen Sprache auszudrücken. Oft genug sind wir dabei an unsere sprachlichen Grenzen gestoßen. Diese un-konfessionelle und eher wissenschaftliche Herangehensweise war bei der Entschlüsselung der Symbole sicher unser wichtigstes Hilfsmittel, obwohl sie gleichzeitig zu einer Art Ent-mystifizierung beiträgt. Für unsere Leser bedeutet dies, dass sie möglicherweise beim Lesen mit einer Angst in Berührung kommen werden, die immer dann auftaucht, wenn wichtige *Haltegriffe* vom Verlust bedroht scheinen. Um wirklich zu *verstehen*, ist es nötig, diese *Haltegriffe* zumindest kurzzeitig loszulassen. Was wirklich wahr ist, das wird auch bei genauester Untersuchung wahr bleiben. Unsere Absicht ist es, die Essenz (so weit das überhaupt möglich ist) darzustellen, die *universellen* Elemente aller Lehren. Diese *Essenz* zu verstehen wird keine Lehre schwächen, denn es ist die Begegnung mit dem Geist ihrer Begründer. Alles, was geschehen kann, ist, dass Missverständnisse, die sich im Laufe der Jahrtausende in die Lehren eingeschlichen haben, wieder geklärt werden können.

Verschiedene Sichtweisen in Ost und West

Religionen – Sichtweisen der einen Wahrheit

Aus unserer Sicht sind alle Religionen Ausdruck ein und derselben Wahrheit, die sich hinter unserer materiellen Wirklichkeit verbirgt. Wir wollen in diesem Kapitel den Versuch unternehmen, von der gemeinsamen *Essenz* der Religionen zu berichten. Dies wird uns später bei den Kapiteln über die verschiedenen Sichtweisen des Nach-Tods helfen, die Gemeinsamkeiten herauszufiltern.

Dieses Buch möchte das Tibetische Totenbuch entschlüsseln und für westliche Menschen zugänglich machen. Es möchte außerdem für drei sehr verschiedene Religionen aufzeigen, dass sie in ihren Grundannahmen über den Nach-Tod und in den Konsequenzen, die sich daraus ergeben, durchaus vergleichbar sind. Mit diesem Vergleich berühren wir das Gebiet des interreligiösen Dialogs. Im interreligiösen Dialog ist es nicht wirklich wichtig zu definieren, was *Wahrheit* ist. Für jeden bedeutet *Wahrheit* etwas anderes, und doch geht jeder für sich davon aus, *wahr* zu sprechen und sich auf *Wahrheit* zu beziehen. Wahrheit hat neben ihrer objektiven Seite also immer auch eine subjektive und damit gefühlsmäßige Seite. Auch die verschiedenen Dogmen zählen als Glaubensbekenntnisse zu den *Wahrheiten* einer Religion. Aus diesem Grund wäre es sinnvoll, die *Wahrheitsfrage* überhaupt nicht zu stellen.

Und doch geht es uns um *Wahrheit*. Alle Religionen wissen um den Nach-Tod und um seine Bedeutung für das ewige *Heil* oder die ewige *Verdammnis*. Schwere Worte, die wir Menschen der modernen Zeit nicht mehr gern hören. Wir mögen es nicht, uns mit den Konsequenzen auseinanderzusetzen, die es hätte, wenn diese unvorstellbaren Dinge *wahr* wären. *Wahr* in dem Sinne, dass sie keine Fiktion, keine intelligente Idee von Leuten sind, die unbedingt meinen, dass sie an etwas glauben müssten, sondern wahr in dem Sinne von *wirklich wahr*.

In ihrem Kern haben alle Religionen Anteil an der absoluten und göttlichen *Wahrheit*. In ihrer Entfaltung und in ihren Lehren lassen sie jedoch eine kulturelle Färbung erkennen. Sie unterscheiden sich nicht in ihrer Quelle, aber in ihrer *Sicht* auf diese Quelle. Vergleichbar hiermit sind die kunstvollen Bleiverglasungen in Kirchen, ein Fenster schöner als das andere. Jedes für sich ist wunderschön, aber sie erhalten ihren farbenprächtigen und intensiven Glanz erst von der Sonne, die durch das bunte Glas scheint. Ohne die Sonne wären diese Fenster immer noch Kunstwerke, aber blass und ohne Intensität. Religionen sind wie Bleiglasfenster, wunderbare Gebilde, die sich deutlich voneinander unterscheiden. Aber es geht um die Sonne dahinter, die diesen Fenstern ihre Strahlung leiht. Übertragen auf das Thema unseres Buches könnte man sagen, dass Religionen Sichtweisen sind, verschiedene Sichtweisen der einen, absoluten *Wahrheit*. Sichtweisen sind *Sicht*-Weisen, sie sind niemals die Sache an sich, niemals die absolute und unumstößliche *Wahrheit* von oder über etwas. Wenn wir dies akzeptieren, dann wird es wesentlich leichter, mit den Sichtweisen anderer Menschen umzugehen. Wenn die eigene Sichtweise aber für die *Wahrheit an sich* gehalten wird, dann wird ein Mensch mit einer anderen Sichtweise möglicherweise bedrohlich erscheinen. Wenn jemand davon ausgeht, selbst Recht zu haben (= im Besitz der Wahrheit zu sein), und es taucht ein anderer Jemand auf, der seinerseits behauptet, mit seiner Sichtweise im Recht zu sein, dann entsteht logischerweise ein Konflikt zwischen ihnen, denn schließlich kann nur einer wirklich Recht haben. Sie haben den Unterschied übersehen zwischen der absoluten *Wahrheit* einer Sache und der *Sicht* auf diese Sache. Menschen, die sich mit religiösen Dingen beschäftigen, leiden sehr oft an diesem Grundübel. Sie glauben an etwas und bekräftigen, dass sie *glaubend* wissen. Das heißt, sie spüren, dass es da einen Unterschied gibt zwischen *glauben* (annehmen, vermuten) und *wissen* (im Sinne von wirklich wissen). Glauben heißt, eine *Sicht*-Weise haben. Mit *glauben*, sprich *annehmen*, stützen wir uns meistens auf Quellen, denen wir eine gewisse Autorität unterstellen, ob das nun glaubwürdige Menschen sind oder alte Texte. Um solchen Texten Gewicht und Autorität zu verleihen, gibt man ihnen – obwohl von Menschenhand geschrieben – das Gütesiegel einer göttlichen *Offenbarung*. Wir glauben diesen Autoritäten, glauben, dass sie Wahrheit sprechen; ihre innere Kraft, ihr Charisma ist uns ein Garant dafür. Mit unserem Glauben geben wir ihnen einen Vertrauensvorschuss, aber *wirklich* sicher sein können wir erst, wenn wir vergleichbare Erfahrungen machen. Dann verstehen wir, was sie meinten, dann verfügen wir über eigenes *Erfahrungs*-Wissen. Denn Wissen kann auf verschiedene Weise zustande kommen. Wir können uns Wissen aneignen durch Lesen und Zuhören, dann nehmen wir *fremde* Informationen auf. Und wir können Wissen erwerben durch *eigene Erfahrung*, dieses Wissen ist wesentlich nachhaltiger und meistens auch ohne Zweifel. Wissen durch eigene Erfahrung wurde im frühen Christentum *Gnosis* genannt (kennen, Kenntnis). Das Neben- und Miteinander der verschiedenen Religionen wäre wesentlich einfacher, wenn wir alle über persönliche religiöse Erfahrung im Sinne von *Gnosis* verfügen würden. Wir wüssten dann, dass andere Menschen über dieselbe Erfahrung sprechen, nur eben mit anderen Worten, vielleicht auch in einer anderen Sprache. Sie würden mit ihrem inneren Leuchten unsere eigene Erfahrung wieder zum Glühen bringen oder zumindest die Erinnerung hieran wieder lebendig werden lassen. Leider aber sind wir – obwohl Gottes-Kinder – aus dem *Paradies* vertrieben, unsere ursprüngliche Einheit mit Gott ist keine reale Erfahrung mehr, höchstens noch eine schwache Erinnerung. Religiöse Texte haben die Absicht, uns hieran zu erinnern. Wir können diese Erfahrung nicht einfach aufrufen, das ist etwas, das wir nicht im aktiven Sinne *tun* können – leider. Eher ist es so, dass eine solche Erfahrung, wenn sie geschieht, den Charakter hat von „*Es* macht mit uns". Wir können eine solche Erfahrung nicht selbst *machen*, auch wenn wir das gern anders hätten. Was wir zwischenzeitlich wohl aber tun können, ist ein Studium der verschiedenen Religionen, ein Vergleichen und Reflektieren ihrer Gemeinsamkeiten und ihrer Unterschiede. Dann stellen wir fest, dass es verblüffende Ähnlichkeiten gibt (z. B. Opfer, Rituale für die Übergänge im Leben, Priester, heilige Plätze und heilige Menschen usw.), daneben aber auch frappierende Unterschiede. Manchmal ist Töten eine Todsünde, dann wieder ist Töten aus religiösen Motiven in Ordnung. Wie passt das zusammen? Es wäre gut, sich über die Gemeinsamkeiten **und** über die Unterschiede zu informieren, das heißt, sich Wissen im hergebrachten Sinne anzueignen. Wir könnten dann wirklich mitreden, wenn es um fremde Gebräuche geht, statt nur im großen Karussell der Vorurteile mitzufahren. Aber das würde eine bestimmte Offenheit voraussetzen. Vielleicht ist das Karussell der Vorurteile doch einfacher? Wenn wir uns diesem, für die heutige Zeit so wichtigen Lernprozess entziehen oder verweigern, dann bleibt uns nur noch der Konflikt zwischen den verschiedenen Sichtweisen, zwischen den Religionen. Wenn wir uns nicht öffnen für andere Sichtweisen – und damit möglicherweise das Risiko eingehen, dass sich unsere eigene Sichtweise verändert – dann *verabsolutieren* wir unseren eigenen Standpunkt, was einer Verhärtung oder Erstarrung gleichkommt. Verhärtung und Erstarrung aber sind immer lebensfeindlich, sie tragen den Keim des Todes in sich, des eigenen Todes, manchmal auch den anderer Menschen.

In diesem Buch präsentieren wir verschiedene Sichtweisen, zunächst die christliche, später die hinduistisch-buddhistische Sichtweise. Zum Teil werden wir verblüffende Gemeinsamkeiten entdecken, die für manchen Leser überraschend sein mögen. Wir werden gemeinsamen Begriffen wie *Erlösung* oder *Befreiung* begegnen, aber auch Begriffen wie *Sünde, Schuld, Reinigung* oder *Läuterung* – Begriffen, die für heutige Menschen eher schwierig zu akzeptieren sind. Andere Dinge werden extrem unterschiedlich sein, vor allem, wenn es um die Frage geht, ob wir nur *einmal* leben oder ob wir *wiederkommen*. Anscheinend kann hier doch nur eine Sichtweise *wahr* und *richtig* sein und damit die andere falsch? Wir werden es sehen. Das Leben ist vielfältig und damit auch seine möglichen Sichtweisen. Dieses Buch setzt also bei unseren Lesern von Beginn an eine gewisse Offenheit voraus, sowohl von denen, die von einem ganz klaren, konfessionellen Standpunkt ausgehen, als auch von denen, die sich selbst als tolerant einschätzen und meinen, dass Glauben etwas ausschließlich Persönliches und damit etwas vollkommen Freies sei. Möglicherweise kommen wir also mit der modernen Unverbindlichkeit in Konflikt. Mit Sicherheit jedoch werden wir mit einigen der festen Standpunkte der Kirchen in Konflikt kommen. Manche der offiziellen Lehrmeinungen z. B. der katholischen Kirche (Dogmen) sind unserer Ansicht nach der Versuch, lebendige Diskussionen und Auseinandersetzungen zu beenden oder sie doch in einem genau abgegrenzten Bereich zu halten. Zumindest werden Dogmen oft auf diese Weise gehandhabt. Wenn wir uns in den folgenden Kapiteln die Freiheit nehmen, mit diesen Standpunkten selbstbewusst und un-orthodox umzugehen, dann ist dies kein mangelnder Respekt vor den Kirchen. Aber für uns gilt, dass das Leben *lebendig* ist und dass der *Heilige Geist* sowieso weht, wo und wie *Er* will.

Der Mensch und seine Erlösung

Alle Religionen sprechen von Erlösung oder Befreiung und versprechen das ewige Leben oder die ewige Glückseligkeit. Was meinen sie damit? Wieso müssen wir erlöst werden und wovon? Ebenso sprechen die Religionen von einem Weg, den wir zurücklegen müssen, von einem Wachstums- oder Transformationsprozess. Was ist damit gemeint? Noch wichtiger aber erscheint die Frage, ob die Religionen eigentlich dasselbe meinen, wenn sie über diese hohen Ziele wie *Erlösung* oder *spirituelle Befreiung* sprechen. In diesem Kapitel wollen wir diese sehr grundsätzlichen Fragen einmal näher betrachten und – später, in einem anderen Kapitel – auch versuchen herauszufinden, ob oder warum der Tod bzw. der Nach-Tod hierbei eine Rolle spielt.

Die Absonderung des Menschen von Gott

Die heutige Zeit mit ihren Zweifeln und ihrer Selbstreflektion lässt nicht viel Raum für einen Gott. Seit dem 19. Jahrhundert wird Religion eher *funktional* – als Mittel zum Zweck – betrachtet: Soziologisch gesehen als *Opium des Volkes* (Marx), im psychologischen Sinne als *Projektion* oder *kollektive Neurose* (Freud). In den Ausführungen dieses Buches gehen wir davon aus, dass es Gott als *erfahrbare Realität* gibt, aber auch, dass zwischen Gott und dem Menschen eine gewisse *Differenz*[2] besteht. Denn Menschen erfahren sich in ihrem religiösen Erleben als von Gott getrennt. Sie erfahren, dass sie nicht *in* oder *bei* Gott sind, sondern spirituelle Anstrengungen unternehmen müssen, um sich mit ihm verbinden zu können oder in ihm aufgehen zu können. Schon die Tatsache, dass sie sich nach Gott sehnen, also etwas vermissen, ist ein Zeichen, dass sie diese Verbindung zumindest jetzt noch nicht haben oder wahrnehmen. Auch wenn es Gott als *Realität* gibt, so scheint er doch den meisten Menschen verborgen und nicht *direkt erfahrbar* zu sein.

Religionen gehen nicht von einem materiellen, sondern von einem mystischen oder mythischen Verständnis der Welt und des Universums aus.

---

[2] Ontologische Differenz (Campbell)

Zum einen, weil in der Zeit, in der die Religionen entstanden sind, noch kein naturwissenschaftliches Verständnis der Welt vorhanden war. Zum anderen, weil die Schicht im menschlichen Geist, in der Religion erfahren wird, eher durch Symbole und Bilder angesprochen wird als durch Logik und intellektuelle Aussagen. Wenn eine Religion Aussagen macht über die Welt und die Entstehung der Welt, über Gott und den Menschen, dann können dies immer nur mythische Aussagen sein. Die Schöpfungsmythen haben darum auch nicht den Anspruch der historischen Genauigkeit. Eher ist es so, dass mit ihrer Hilfe grundlegende Wahrheiten über das Leben dargestellt werden. Es geht dabei um eine Wahrheit *hinter* der normalen Realität. Was wir normalerweise als Wirklichkeit (Realität) bezeichnen, wird in den Mythen als Schein (Illusion) beschrieben, und was von normalen Menschen als Schein (Illusion), selbst als Spinnerei abgetan wird, ist in den Mythen die eigentliche Wirklichkeit hinter allem (Realität). Diese eigentliche, andere Wirklichkeit hat je nach Kultur und Sprache andere Namen: Jahwe, Gott, Allah, Brahman, Buddha ...

In den Schöpfungserzählungen der Kulturen und Religionen sind trotz aller Verschiedenheit überraschende Übereinstimmungen festzustellen. In allen Erzählungen tauchen ähnliche Motive auf und immer geht es um den Verlust einer ursprünglichen Einheit. Es geht darum, dass Menschen sich als abgesondert von Gott, von der Wahrheit oder vom Absoluten erleben und auch darum, dass es möglich ist, dieses Abgesondertsein zu überwinden und in die ursprüngliche Einheit zurückzukehren. Die Herkunft des Menschen wird dabei nicht in der materiell-stofflichen Dimension gesehen, die wir mit unseren normalen Sinnesorganen wahrnehmen und erfassen können, sondern in einer anderen, spirituellen Dimension. Die Heimat des Menschen, zumindest dessen, was der Mensch *eigentlich* ist, wird beim Göttlichen gesehen. Aus dieser Verbindung zum Göttlichen hat sich der Mensch durch eigenes Zutun entfernt. Der Begriff *Sünde* kommt von sich ab-*sondern*. Viele Menschen lehnen den Begriff „Sünde" ab, weil sie keine Lust haben, sich sündig, sprich psychisch schlecht zu fühlen. Das Wissen ist verloren gegangen, was mit „Sünde" eigentlich gemeint ist. Es ist der Zustand des Getrenntseins, des Abgesondertseins von Gott. Mehr nicht, aber auch nicht weniger!

Das Ziel aller Religionen – Erlösung

Alle Religionen bezeichnen sich als *Erlösungsreligionen*. Sie gehen dabei von dieser *Differenz* zwischen Mensch und Gott aus, das heißt, sie beziehen sich auf das Erleben des Menschen, der sich als von Gott getrennt erfährt. Was ist nun mit *Erlösung* gemeint? Was meinen Religionen damit, wenn sie von *spiritueller Befreiung*[3] sprechen? Und inwieweit spielt der Nach-Tod dabei eine Rolle?

Erlösung oder *Befreiung* ist im Kern bei allen Religionen dasselbe. Immer geht es um die Erlösung des Menschen aus der Gottes-Ferne, aus dem *Exil*, geht es um seine Rückkehr „nach Hause", zum Göttlichen. Jedoch weichen die konkreten Formulierungen manchmal voneinander ab. Dann zum Beispiel, wenn bei den östlichen Religionen von Erleuchtung als einem Zustand von Eins-Sein, von der *Vereinigung* mit Gott oder der *Auflösung* des Ich in Gott gesprochen wird, während im Christentum die höchste Erfahrung in der Gottes-*Anschauung*, in der *Begegnung* zwischen dem Ich und dem göttlichen Du gesehen wird. Ein Zugeständnis in Richtung Vereinigung wird im Christentum nur gemacht, indem darauf hingewiesen wird, dass es sich um eine mystische Liebes-Vereinigung handelt, bei der es trotz aller Intimität immer noch um zwei Pole geht.

Ist der Mensch nun bereits erlöst (z. B. durch die Taufe oder durch das Leiden und die Auferstehung Christi)? Oder ist zu seiner Erlösung noch etwas nötig, ein Prozess, ein Weg, der uns aus diesem Abgesondertsein heraushilft? Unabhängig davon, wie Theologen möglicherweise diese Frage beantworten, in der Praxis gehen alle Religionen davon aus, dass wir etwas *tun* müssen, um Befreiung zu erlangen. Die Vorstellung, die im Osten zu finden ist, dass der Mensch durch Meditation und Versenkung, das heißt durch eigene Anstrengung zu Gott oder zum Bewusstsein der eigenen inne-

---

[3] Es ist ein Irrtum, wenn spirituelle Befreiung mit psychologischer (emanzipatorischer) oder politischer Befreiung verwechselt wird. Bei spiritueller Befreiung geht es nicht um die Befreiung aus politischen Zwängen oder aus den Zwängen von geschlechtsspezifischen Rollenmustern. Es geht um die Befreiung unseres eigentlichen *Selbst* von der Unfreiheit durch die (psychologischen!) Strukturen unseres Geistes und von der Versklavung durch Lust- oder Unlust-Gefühle. Feministische Theologien und (politische) Befreiungstheologien sind – aus dieser Sicht – eigentlich *materialistische* Theologien. Sie kümmern sich um die Ordnung der Dinge im Diesseits. Spirituell gesehen haben wir jedoch nur das Recht auf unseren Tod, sonst nichts.

ren Göttlichkeit gelangen kann, existiert im Christentum so nicht bzw. wird abgelehnt. Nach christlicher Auffassung ist die Seele, die im Innern des Menschen zu finden ist, nicht göttlich, sondern erschaffen. Sie wird als nicht fähig erachtet, aus sich heraus eine Rückverbindung zu Gott herzustellen, obwohl andererseits wieder vom *Christus in uns* die Rede ist. Nur wer oder was ist dieser *Christus in uns?* Die esoterische Gnostik der ersten Jahrhunderte hat diesen spirituellen Sachverhalt sprachlich anders ausgedrückt. In der Gnostik gab es ein Verständnis vom göttlichen *Lichtfunken* in jedem Menschen, das sehr der Sichtweise des Hinduismus vom göttlichen Seelenkern *Atman* und der Sichtweise des Buddhismus von der *Buddha-Natur in uns* ähnelt. Wir werden in den Kapiteln über das Christentum und über die östlichen Religionen näher auf diese Fragen eingehen.

Alle Religionen sprechen gemeinsam davon, dass neben den spirituellen Bemühungen wie Meditation oder Gebet die eigene Vollkommenheit nur durch eine persönliche Entwicklung erreicht werden kann, nämlich durch die Entscheidung ethisch (*dharmisch*) zu leben. Dies ist nötig, wenn aus momentanen, vorübergehenden religiösen Erfahrungen eine endgültige Erlösung werden soll. Spirituelle Bemühungen wie Meditation allein bringen scheinbar nicht die erwünschten Resultate, sie müssen mit einer Reinigung, mit der Säuberung des Herzens oder der Seele einhergehen[4]. In allen Religionen wird für die Rückkehr zum Göttlichen von diesem Umwandlungsprozess gesprochen, ohne den dauerhafte religiöse Erfahrungen nicht erreichbar sind. Die Sichtweise, dass dieser spirituelle Umformungsprozess mit einer intensiven Reinigung verbunden ist und dass er mit der Entwicklung einer hohen Ethik einhergeht, spielt – wie wir sehen werden – in Bezug auf den Nach-Tod eine sehr wichtige Rolle.

Das höchste Ziel des Christentums – das ewige Leben – erinnert mit seiner Überwindung der Zeitlichkeit sehr an die Befreiung aus dem Rad der Wiedergeburten beim Buddhismus. Trotzdem liegt gerade beim Verständnis der Zeit der wichtigste und von seinen Konsequenzen her weitreichendste Unterschied zwischen dem Christentum und den östlichen Religionen.

---

[4] Denn es wäre ein Widerspruch, würden wir einerseits eine spirituelle Entwicklung machen wollen und andererseits Neigungen folgen, die uns an die Welt binden. Ersteres ist auf das Erreichen Gottes ausgerichtet, während das zweite zur Absonderung von Gott führt. Dies sind zwei entgegengesetzte Motivationen und Verhaltensweisen, die nicht vereinbar sind.

Die christliche Religion hat mit den jüdischen Wurzeln ein lineares Verständnis der Zeit übernommen. Eine Sichtweise, in der das Alte zu gegebener Zeit – unter apokalyptischen Umständen – vom Neuen abgelöst werden wird[5]. Den östlichen Religionen dagegen liegt ein zyklisches Zeitverständnis zu Grunde. Eine Sichtweise, die davon ausgeht, dass es immer wieder zu einer Neu-Schöpfung der Welt kommt, mit paradiesischen Goldenen Zeiten, in denen die Wahrheit für alle offenbar ist, und mit Eisernen Zeiten, in denen die Wahrheit verborgen, die Menschen verdunkelt und – statt mit Gott – mit ihrem sozialen Niedergang beschäftigt sind. Hinzu kommt die Idee der Reinkarnation, die im Osten vielen Problemen – wie der Existenz des Bösen und des Leidens – einen Platz im Ganzen zuweist und damit ihre Integration und ihre spirituelle Überwindung erleichtert. Anders als in den östlichen Religionen tut sich die christliche Theologie sehr schwer damit, der Kraft des Bösen und dem menschlichen Leid – außer in der Christus-Nachfolge – einen sinnvollen Platz einzuräumen.

Selbst-Erlösung oder Gnade?

Die Religionen stimmen also darin überein, dass der Weg zu Gott ein individueller Transformationsprozess ist, der unter anderem die Entwicklung einer hohen persönlichen Ethik enthält. Es scheint, dass die *Erlösung* in allen Religionen Arbeit ist, auch wenn im Christentum immer wieder betont wird, dass die Gnade Gottes dazu erforderlich ist[6]. Für manche ist es sicher eine wichtige Frage, ob wir vielleicht schon erlöst sind oder ob hierzu ein Prozess, eine Entwicklung, nötig ist. Angenommen, es ist ein Prozess erforderlich, dann wird die Frage wichtig, ob in diesem Prozess nun menschliche Anstrengung zum Ziel, zur *Erlösung* führt oder eher die Hingabe an Gott. Dies wird in den verschiedenen Religionen unterschiedlich beantwortet.

---

[5] Die Zeit war innerhalb der jüdischen Religiosität ein wichtiger Faktor, denn Gott würde sich innerhalb der Geschichte zeigen und kennbar machen. Möglicherweise hat dieses Zeitverständnis zur *Warte-Haltung* des jungen Christentums beigetragen.

[6] Die katholische Glaubenslehre spricht in diesem Zusammenhang vom notwendigen Zusammenwirken der eigenen Anstrengung und der göttlichen Gnade, während für die protestantische Lehre unsere Erlösung allein von der Gnade Gottes abhängt. Der Mensch kann aus dieser Sicht nicht durch eigene Verdienste zu seiner Erlösung beitragen. Hier wird von der Vorherbestimmung (Prädestination) gesprochen.

Trotzdem kommen sie, was die spirituelle Praxis betrifft, zu der Erkenntnis, dass wir etwas *tun* müssen. Vor allem müssen wir ein *besserer* Mensch werden.

Während in den östlichen Religionen eher die Sichtweise besteht, dass der Mensch den kosmischen Mächten, ihren Gesetzen, aber auch ihren Launen unterworfen ist, stellt die jüdisch-christliche Sichtweise den Menschen als autonomes Individuum dar, ausgestattet mit einem eigenen freien Willen. Er kann dadurch in freier Entscheidung sein Schicksal und den Lauf der Dinge mitbestimmen. Genau im Widerspruch dazu steht aber, dass sich das Christentum, wenn es um Erlösung geht, hauptsächlich auf die Wirkung der göttlichen Gnade beruft, während Hinduismus und Buddhismus hauptsächlich auf die eigene Anstrengung setzen.

Das wichtigste gemeinsame Merkmal der verschiedenen Religionen ist aber vor allem die Tatsache, dass einige Anhänger und Gläubige behaupten, mit der *Absoluten Wahrheit* in Berührung gekommen zu sein, und dass sie seitdem davon beseelt sind, diese Wahrheit zu erreichen und in ihr aufzugehen. Die Mystik ist – aus unserer Sicht – die wichtigste Gemeinsamkeit der Religionen überhaupt. Im weiteren Verlauf des Buches wird es immer wieder um solche spirituellen und mystischen Erfahrungen gehen, die – bei ausreichender Vorbereitung – im Moment des Todes für alle Menschen erreichbar sind. In den folgenden Kapiteln über die christliche und die östliche Sichtweise des Nach-Tods soll deshalb der Versuch unternommen werden, die Bemühungen des Menschen, sich mit Gott zu verbinden, tiefer zu verstehen. Welche Wege kennen die Religionen, um die Absonderung des Menschen von Gott wieder aufzuheben, und welche Rolle spielt der Nach-Tod dabei?

Die christliche Sichtweise

Auch wenn viele Menschen sich in den letzten Jahren von den Kirchen abgewendet haben und ihnen die Lehren über die *jenseitigen Dinge* nicht mehr zugänglich sind, so leben wir doch in einem Kulturkreis, der durch das Christentum geprägt ist. Deshalb haben wir uns entschlossen, in dieses Buch ein ausführliches Kapitel über die christliche Lehre vom Geschehen im Nach-Tod aufzunehmen. Wir werden die wichtigsten Aspekte der christlichen Sichtweise darstellen und versuchen, dies – so gut es geht – aus einer möglichst neutralen Position heraus zu tun, aus der Position eines außenstehenden Betrachters. Wir beschreiben dabei erst ausführlich die Sichtweise der katholischen Kirche (die bis zum Ende des Mittelalters hier im Westen die einzige Kirche war) und danach kurz die protestantische Sichtweise. Abweichungen in den Sichtweisen der orthodoxen und anderer Kirchen und der vielen Unterströmungen vernachlässigen wir zugunsten der Lesbarkeit.

Wie im späteren Kapitel über die östlichen Religionen geht es uns auch hier beim Christentum darum, grundlegende Sichtweisen und Strukturen aufzuzeigen. Vielleicht ist gerade die Tatsache, dass es in zwei so verschiedenen Religionen wie dem Tibetischen Buddhismus und dem Christentum doch sehr ähnliche Aussagen zum Geschehen im Nach-Tod gibt, ein Hinweis, dass mit dem Tod doch nicht alles endet. Auf jeden Fall werden uns die Informationen über die christliche Sichtweise später helfen, die Aussagen im Totenbuch besser verstehen und einordnen zu können. Für beide Religionen versuchen wir, die *Essenz* darzustellen, die universellen, *religions-übergreifenden* Elemente ihrer jeweiligen Lehre vom Nach-Tod. Dies erfordert eine eher wissenschaftlich-neutrale Herangehensweise, die zwar einerseits eine wichtige Voraussetzung zur Entschlüsselung der Botschaften dieser Lehren ist, die aber gleichzeitig auch zur so genannten *Ent-mystifizierung* beiträgt.

Ein Problem, das bei der Untersuchung dieser Sachverhalte aufgetauchte – und dem möglicherweise auch der Leser begegnen wird –, ist die Tatsache, dass wir alte Texte und alte Begriffe mit den Augen und dem Verstand von *heute* lesen. Die ursprüngliche Bedeutung ist uns darum nicht oder nicht immer ohne weiteres zugänglich. Ein Beispiel: Im Mittelalter hatte der Begriff *Substanz* eine vollkommen andere Bedeutung als wenn wir heute von Substanz sprechen. Moderne Menschen beziehen diesen Begriff auf eine materielle Wirklichkeit, während früher dieser Begriff eher für das *Kernprinzip* einer Sache stand, also genau das Gegenteil.

Zunächst werden wir uns anschauen, wie im Laufe der Jahrhunderte bestimmte Fragestellungen das Nachdenken über den Tod beeinflusst und wie sich dadurch die Vorstellungen vom Tod und der Umgang mit ihm verändert haben. Dann folgt eine kurze Darstellung der Lehre vom Nach-Tod und der wichtigsten Aspekte wie Himmel, Hölle und Fegefeuer[7].

Ein – für unser Buch – wichtiger Abschnitt wird sich mit der Frage beschäftigen, ob im frühen Christentum Vorstellungen von Wiedergeburt (Seelenwanderung) bekannt waren. Hier wird sichtbar werden, dass es bezüglich dieser Frage eine gewisse Spannung gab. Eine Spannung zwischen der offiziellen Kirche und den Lehren der Gnosis[8]. Die Idee der Wiedergeburt, die in der hellenistisch-*esoterischen* Strömung der Gnosis diskutiert wurde, wurde nicht in die offizielle Lehre der Kirche aufgenommen.

---

[7] Weil die Vorstellungen über den Nach-Tod hauptsächlich bis zum Mittelalter geprägt wurden, beschäftigen wir uns hier fast ausschließlich mit der Sichtweise der katholischen Kirche. Wir haben uns bei der Beschreibung der Phänomene des Nach-Tods so weit wie möglich an die Begriffe gehalten, die auch in der Literatur verwendet werden.

[8] Wir werden im weiteren Verlauf unterscheiden zwischen der hellenistischen (*esoterischen*) Strömung der Gnosis (manchmal auch als Gnostik oder Gnostizismus bezeichnet) und der Strömung der christlichen Gnosis.

Kleine Geschichte des Todes

*Alles ist ungewiss, sicher
ist allein der Tod.*
AUGUSTINUS

Die christlichen Vorstellungen vom Tod und vom Nach-Tod werden sehr stark geprägt von der Vorstellung der Ur-Sünde des ersten Menschen – Adam – und von dem Erlösungswerk eines anderen Menschen – Jesus Christus. Wichtig für diese Vorstellungen sind vor allem die Geschehnisse rund um den Tod und die Auferstehung von Jesus Christus. Für gläubige Christen war Jesus der erste, der mit seiner Auferstehung den Tod überwunden hat und der damit auch seinen Anhängern den Weg zum ewigen Leben, zur Erlösung bereitet hat. Alle Fragen rund um den Nach-Tod und das ewige Leben werden von diesem Erlösungsgedanken bestimmt, denn Jesus Christus wird in diesen wie in anderen Fragen als Zentrum des Glaubens angesehen.

Durch Fragen und Diskussionen ausgelöst, entwickelten sich bereits im 4.–5. Jahrhundert nicht gerade leicht verständliches Ideen darüber, was nach dem Tod nun eigentlich genau geschehen würde. Der Tod selbst setzt aus christlicher Sicht dem irdischen Leben des Menschen ein Ende und damit auch seiner Möglichkeit, sich für Gott zu öffnen oder ihn zurückzuweisen. Weil aber lebende Menschen mit dieser Chance, sich für Gott zu entscheiden, sehr unterschiedlich umgehen, sind auch die Schicksale der Seelen nach dem Tod unterschiedlich.

Dringende Fragen der frühen Christen galten dem Problem der *Wiederversöhnung in der Todesstunde*. Um zu verstehen, was hiermit gemeint ist, müssen wir einen kurzen Blick werfen auf das Verständnis dessen, was mit *Sünde* gemeint ist. *Sündigen* Menschen wurde unterstellt, dass sie nicht im *Heil des Glaubens* verweilen wollten, das sie durch die Taufe empfangen hatten. Sie machten ihre Erlösung sozusagen selbst zunichte, indem sie ein verkehrtes Leben führten[9]. Auf diese Weise würden sie auf keinen Fall zur ewigen Glückseligkeit gelangen, sie hatten sich sozusagen selbst davon ab-

---

[9] Gleiches gilt auch, wenn sich jemand – in bewusster Wahl – für eine Lehre oder einen Weg entscheidet, die oder der von Gott weg führt.

geschnitten. Denn natürlich gab es auch damals Menschen, die sich – trotz Taufe – ihren weltlichen Leidenschaften hingaben. Was aber, wenn diese Menschen am Ende des Lebens um Buße und Versöhnung oder auch um die Kommunion baten? Zunächst wurde ihnen nur die Buße zugestanden, die Kommunion aber verweigert. Später setzte sich die Überzeugung durch, dass dies nicht mit dem Prinzip der Barmherzigkeit vereinbar sei. Die Kommunion wurde daraufhin als so genannte *Wegzehrung* für die Sterbenden gereicht. Damit konnten auch solche reuigen Sünder vom immerwährenden Untergang befreit werden. Die vorherrschende Meinung war jetzt eher, dass es sogar eine Gottlosigkeit sei, ein Verstoß gegen die Milde Gottes, wenn Sterbenden die Buße und die Kommunion verweigert werden würde.

In diesem Zusammenhang wurde die Beichte als wesentlich angesehen, um eine eventuelle Schuld, einen *persönlichen* Verstoß gegen Gott und seine Gesetze wieder auszugleichen. Die eigene Reue war dafür nur ausreichend, wenn es im Angesicht der Wahrheit zu einer vollständigen Reue kam. Ansonsten – und das war der Normalfall – musste die Schuld gegenüber einem Priester bekannt und eine entsprechende Buße geleistet werden. Die Beichte wurde dabei als Sakrament verstanden, als etwas, das von Christus ausging und nicht einfach eine Erfindung der Kirche war. Bei der Vergebung der Sünden wurde und wird der Priester als Stellvertreter von Christus angesehen, durch den Christus mit Hilfe des Sakraments der Buße die Befreiung von der Schuld (Rechtfertigung) bewirkte. Auch wenn die Beichte im 20. Jahrhundert wegen ihrer unterdrückenden Wirkung auf viele Menschen und des häufigen Missbrauchs regelrecht in Verruf geriet, so hat sie in ihrer urspünglichen Absicht, dem Reinigen oder Auflösen von Schuld, doch dieselbe Ausgangsbasis und dasselbe Ziel wie beim *Bekennen von Schuld* in den östlichen Religionen (zur Schuldfrage siehe das entsprechende Kapitel).

Im 5. Jahrhundert gab es Diskussionen, ob Adam auch gestorben wäre, wenn er nicht gesündigt hätte. Das würde aber bedeuten, dass Adam von Beginn an sterblich gewesen wäre, während die Lehre der Kirche doch besagte, dass er *unsterblich* geschaffen wurde und erst durch seine Sünde (seinen Ungehorsam gegenüber Gott) sterblich wurde. Gott schuf den Menschen *ohne* Sünde, rechtschaffen und mit freiem Willen. Der Mensch aber, der den freien Willen schlecht gebrauchte und sündigte – ihn also gegen Gott richtete, fiel aus dem Paradies, das heißt aus der Nähe Gottes heraus[10]. Diese allererste Sünde brachte den Tod ins Spiel, seitdem sind Menschen sterblich. Wir alle, als Nachfahren dieser ersten Menschen haben mit unserer eigenen Sterblichkeit Anteil an dieser Ur-Sünde. Wir haben sie sozusagen mit unserer Körperlichkeit geerbt, denn unser Körper ist sterblich. Mit *Sünde* ist hier *Ab-sonderung* gemeint, die Entfernung von Gott, von sich selbst, von den Mitmenschen und von der Natur[11]. *Ur- oder Erb-Sünde* ist ein spiritueller Begriff und kein psychologischer! Erb-Sünde sollte deshalb nicht mit psychologischer Schuld verwechselt werden[12]. Denn obwohl jeder von uns Anteil an dieser (spirituellen) Ur-Sünde hat, ist sie ihrem Wesen nach keine individuelle oder *persönliche* Schuld. Die Taufe[13] wurde angesehen als eine Aufhebung dieser Ur-Sünde. Sie war die *Wiedergeburt*, in ihr wurde gereinigt und aufgehoben, was der Mensch sich durch seine Geburt (in einem sterblichen Körper) zugezogen hatte. Ohne Taufe, ohne die *Wiedergeburt* konnte niemand in das Himmelreich eintreten.

Ebenfalls im 5. Jahrhundert kam es auch zu Überlegungen, ob der einzelne Mensch mit seinem Schicksal *vorherbestimmt* sei. Es ging um die Frage, ob möglicherweise die einen Menschen zum Tode (Hölle), während die anderen zum ewigen Leben (Himmel) vorherbestimmt seien. Dagegen sprach aber, dass Christus nicht nur für die Seelen gekommen war, von denen er vor

---

[10] Wie wir später sehen werden, ist dies ein Unterschied zur yogischen Sichtweise. Im Yoga ist es der Gebrauch des Willens überhaupt, der die Trennung von Gott verursacht.

[11] Am Übergang vom 4. zum 5. Jahrhundert hat der Kirchenvater Augustinus hierfür den Begriff *Erb-Sünde* eingeführt. Durch unsere Geburt hier auf der Erde haben wir (aus dieser Sicht) Anteil an der Ur-Sünde Adams, auch wir sind aus dem Paradies vertrieben. Der Verlust unserer Einheit mit bzw. der unmittelbaren Nähe zu Gott brachte – so der jüdisch-christliche Schöpfungsmythos Genesis – auch den Tod ins Spiel. Unsere Existenz in einem stofflichen Körper ist der Beweis, dass wir nicht in einem göttlichen Zustand sind. Sowohl in der *allgemeinen* Ur-Sünde von Adam als auch in der individuellen, *persönlichen* Sünde zieht der Mensch sich selbst vor und setzt Gott zurück.

[12] Obwohl genau dies das Drama vieler christlicher Gläubigen war und möglicherweise auch noch ist. Sie wurden von manchen Vertretern der Kirche mit offenem oder subtilem Druck angehalten, sich *moralisch* schuldig zu fühlen, mit dem Ergebnis, dass viele Menschen sich *psychisch* schlecht fühlten. Ein großer, verhängnisvoller Irrtum. Ob wir uns nun *psychisch* schlecht und schuldig fühlen oder nicht, ändert nichts an der grundlegenden Tatsache, dass wir – spirituell gesehen – von Gott entfernt, abge-*sondert* sind.

[13] Man unterscheidet drei Weisen der Taufe: die normale Taufe mit Wasser, die Taufe mit Blut (bei Märtyrern) und die Taufe durch Verlangen, falls ein gläubiger Mensch vor seiner Taufe stirbt.

her wusste, dass sie ein gläubiges Leben führen würde. Er war vor allem für die verlorenen Seelen gekommen, die er vor dem Untergang retten wollte.

Bald wurde dann ein Unterschied gemacht zwischen der Vorher*bestimmung* und dem Vorher*wissen* Gottes. Es wurde angenommen, dass Gott im Voraus alles *weiß*, noch bevor es geschieht – das Gute wie das Böse. So weiß er vorher, dass die Guten gut sein werden und die ewige Belohnung erhalten werden (beides durch seine Gnade). Und er weiß vorher, dass die Bösen (durch ihre eigene Bosheit) böse sein werden und (durch seine Gerechtigkeit) mit ewiger Vergeltung bestraft werden. Dieses Vorher*wissen* Gottes legt aber keinem Menschen die Notwendigkeit auf, böse sein zu *müssen*, so, als ob er nicht anders könnte, falls er wollte. Böse sind wir aus eigenem Willen. Deshalb ist die Frage, ob wir in den Himmel oder in die Hölle kommen, an die Wahl gebunden, die der Mensch trifft. Obwohl also Gott eigentlich alle Menschen ohne Ausnahme retten will, werden doch nicht alle errettet. Dass sie zugrunde gehen, ist – so gesehen – ihre eigene Wahl, ihre eigene Schuld und nicht die Schuld Gottes.

Die Sichtweise, dass der Mensch einen freien Willen habe, brachte aber auch Probleme mit sich. Der freie Wille war durch die Sünde des ersten Menschen geschwächt worden[14]. Es gab deshalb ebenfalls heftige Diskussionen darüber, ob nun der menschliche Wille und seine Anstrengung ausreiche, um das Heil erreichen zu können, oder ob hierzu Hilfe von oben, also Gnade, nötig sei. Die offizielle katholische Lehre war und ist, dass beim sogenannten *Erlösungswerk* sich die persönliche, willentliche Anstrengung des Menschen mit der göttlichen Gnade verbinden muss. Die spätere protestantische Sichtweise weicht hiervon ab. In der evangelischen Kirche setzt man ausschließlich auf die Gnade und die Vorherbestimmung. Aus dieser Sicht können wir nicht durch eigene Verdienste oder eigene Anstrengung zu unserer Erlösung beitragen.

Interessant mag auch erscheinen, dass es im späten Mittelalter (etwa 12.–16. Jahrhundert) eine Art *Sterbeliteratur* (*ars moriendi*) gab, Bücher mit Fragen an den Sterbenden, um diesen auf den Tod vorzubereiten. Diese Fragen werden Anselm von Canterbury zugeschrieben (1033–1109), sie wurden nicht nur in die so genannten Sterbebücher aufgenommen, sondern

---

[14] Durch die Taufe ist zwar das Band mit Gott wieder hergestellt, aber noch haben wir unter den Folgen der Ur-Sünde zu leiden, zu denen auch der Tod gehört.

auch in die kirchliche Ritualien. In Abwesenheit des Priesters wurde dieser Dialog mit dem Sterbenden auch von Laien durchgeführt. Ab dem Ende des Mittelalters wurden diese Sterbebücher aber nicht mehr eingesetzt, wahrscheinlich konnten die *fortschrittlichen* Menschen die Direktheit dieser Schriften nicht mehr ertragen (Fischer). Denn langsam veränderte sich die Haltung der Menschen gegenüber dem Tod. Bei einer Lebenserwartung von etwa 35 Jahren (!) war der Tod ein ständiger Begleiter gewesen. Dies veränderte sich nun langsam in eine zunehmende *Furcht* vor dem Tod. Man nahm an, dass noch auf dem Totenbett der Teufel mit den Engeln um die Seele des Sterbenden ringen würde, und hatte aus diesem Grunde eine enorme Angst vor einem plötzlich eintretenden Tod, weil man dann nämlich ohne die Hilfe eines Priesters auskommen musste.

Mit dem ausgehenden Mittelalter kam es zur sogenannten Reformation durch Martin Luther. Er setzte sich in vielen Dingen von der bis dahin alleinigen katholischen Kirche ab, besonders auch in Fragen, die den Tod und unser Erscheinen beim so genannten Letzten Gericht betrafen. Wir dürfen nicht vergessen, dass der Tod im Mittelalter all-gegenwärtig war, vor allem auch durch die Pest, an der auch Luther selbst zweimal erkrankte. Viele Christen waren damals sehr auf das Letzte Gericht fixiert und auf die Frage, wie man sich auf dieses Gericht vorbereiten könne. Aus der Beschäftigung mit diesen Fragen entstand die sogenannte *Rechtfertigungslehre*, die sich darauf richtete, Gott *gnädig zu stimmen*. Luther entwickelte eine regelrechte Theologie des Sterbens und das nicht etwa, weil er besonders düster gewesen wäre. Ihm ging es darum, alles Leidvolle und Angstmachende, alles Bedrohliche vom Sterbenden wegzuhalten, um keine Gefühle von Verzweiflung aufkommen zu lassen. Stattdessen sollten dem Sterbenden *positive* Bilder geboten werden, Bilder der Glückseligkeit. Diese Theologie des Todes gab auch Anweisungen für den Umgang mit den eigenen Sünden im Angesichts des Todes. Der Glaube an Gott hatte dabei eine zentrale Bedeutung, denn im Tod würden wir Gott begegnen. Ganz klar ging Luther davon aus, dass der Tod eine Folge der Ur-Sünde ist und dass unser eigener Tod eine Art Buß-Auflage von Gott sei. Also hatten wir zu büßen, um uns auf den Tod vorzubereiten. Rechtfertigung (vor Gott) geschah, indem sich der Sünder selbst anklagte und damit Gott bzw. seinem Gesetz Recht gab. Sünden bekennen und gerecht (gerechtfertigt) sein war für Luther dasselbe. Selbstanklage, Demut und Gerechtigkeit (Rechtfertigung) wurden zu einer Einheit. Es ging darum, mit Gott in Übereinstimmung zu kommen und seinen Gesetzen entsprechend zu leben und zu handeln. Buße war eigentlich Sterben an sich selbst. Es ging darum, lebenslang Buße zu tun, lebenslang zu sterben. Der Tod brachte das Ende dieser lebenslangen Buße, weil er das Ende der andauernden, persönlichen Sünde bedeutete. Der Tod war willkommen! Für unsere moderne Zeit ist dies sicher eine düstere Sichtweise, die nur schwer zu akzeptieren ist. In diesem Zusammenhang wendete Luther sich energisch gegen die gebräuchliche Sitte der käuflichen Ablässe (Sünden-Nachlässe), für ihn war das eine *falsche* Suche nach Sicherheit und ein Versuch, sich dem Gericht Gottes zu entziehen. Die Gnade Gottes ist keine *Leistung* im üblichen Sinne, es ist nicht möglich, sich das Himmelreich zu *erkaufen*! Dies brachte ihm und seiner *protestantischen* Theologie den Durchbruch in die öffentliche Anerkennung.

Die spätere reformatorische Kirche ging andere Wege als die katholische Kirche. Vor allem wurde das Fegefeuer abgelehnt, weil die Entscheidung über Seligkeit oder Verdammnis durch die Vorherbestimmung längst gefallen war – und zwar endgültig. Obwohl genau wie in der katholischen Kirche angenommen wurde, dass nicht alle Seelen im Himmel die gleichen Freuden genießen und nicht alle Verdammten in der Hölle gleich viel Leid hinzunehmen hatten, so verhielt man sich doch sehr zurückhaltend in Bezug auf die unterschiedlichen Qualitäten von Seligkeit oder Verdammnis. Die jeweilige Intensität, das Ausmaß von Freude oder Leid, wurde als abhängig vom Glauben und von den Sünden angesehen. Daran konnte der Mensch im Nach-Tod auch nichts mehr ändern, denn seine persönliche Willensfreiheit war mit dem Tod zu Ende[15]. Später kam es auch zu deutlicher Kritik an der leiblichen Auferstehung, wie sie von der katholischen Kirche gelehrt wird. Das Aufkommen der protestantischen Lehre hat die Angst vor dem Tod aber eher noch verstärkt. Dies vor allem, weil mit dem Individualismus natürlich auch das schlechte Gewissen Gott gegenüber *persönlicher* wurde. Es gibt Wissenschaftler, die behaupten, dass der Tod, wie wir ihn kennen, erst im 16. Jahrhundert entstanden ist: Als der Tod aufhörte, *Schnitter* zu sein, wurde er verinnerlicht und zur Angst *vor* dem Tod (Condrau).

---

[15] In der katholischen Theologie sehen manche dies anders. Aus ihrer Sicht bleibt die Seele nach dem Tod mit Bewusstsein und Wille ausgestattet, so dass das *Ich* des Menschen weiter besteht.

Das Ende des Mittelalters brachte die Neu-Entdeckung der Antike und ihrer Gedanken mit sich (*Renaissance* = Wiedergeburt). Der Mensch als Individuum rückte in den Mittelpunkt, man wendete sich vom universellen *seligmachenden* Anspruch der Kirchen ab. Damit wurde vor allem auch der Glaube an die Unsterblichkeit hinterfragt. Man wollte leben und sich nicht durch die Furcht vor der Hölle davon abhalten lassen! Aber wie immer, wenn etwas verdrängt wird, nahm diese Furcht natürlich zu. Vor allem für die katholische Kirche kamen harte Zeiten, auch interne Exzesse wie Inquisition und Hexenverbrennung waren die Folgen dieser Verunsicherung. Ab dem 17. Jahrhundert (dem Jahrhundert des 30-jährigen Religions-Krieges) gab es – außerhalb der Kirchen – immer mehr Zweifel an der Unsterblichkeit der Seele. Wichtigstes Argument in dieser Diskussion war die Überlegung, dass die Unsterblichkeit der Seele logischerweise auch ihre Prä-Existenz (vor der Geburt) bedeuten würde und für diese Prä-Existenz gab es nun einmal keine Beweise. Das natur-wissenschaftliche Denken mit seiner Beschränkung auf Dinge und Phänomene, die *sichtbar* und *messbar* waren, hatte sich durchgesetzt.

Im 20. Jahrhundert, besser gesagt in den letzten 30 bis 50 Jahren, hat der Umgang mit Tod und Trauer und haben auch die Bestattungen eine enorme Veränderung erfahren. Zunehmende Unfähigkeit, mit Verlust und Trauer, und mit dem Bewusstsein des *eigenen* Todes umzugehen, haben das Klima rund um diese Fragen anonym, sachlich und gefühllos werden lassen. Man zeigt seinen Schmerz nicht mehr, Trauer und Leid sind zum gesellschaftlichen Tabu geworden. Aber wie immer im Leben gibt es auch hierzu eine *Gegen*-Bewegung, die sogenannte Hospizbewegung, auf die wir in diesem Buch aber nicht weiter eingehen. In der Hospizbewegung wird versucht, das Sterben wieder menschlich und würdig zu machen.

Die Lehre von den Letzten Dingen[16]

Das erste (besondere) Gericht – die erste Begegnung mit Christus

Wenn über *Gericht* gesprochen wird, so ist damit fast immer das *Letzte Gericht* gemeint, die endgültige Entscheidung über Himmel und Hölle. Es gibt aber eine Art erstes oder besonderes Gericht, dass einem jeden Menschen nach dem Eintritt des Todes – entsprechend seiner Taten – die ewige Vergeltung zukommen lässt. Es wird von Christus als dem *Richter* gesprochen, aber eigentlich geht es bei diesem ersten Gericht um eine Konfrontation mit sich selbst. Die Seele erkennt im Angesicht der Wahrheit von Christus ihren eigenen Zustand und wählt in einer Art Selbst-Beurteilung einen der drei Wege: den direkten Weg ins ewige Leben (zur Glückseligkeit) oder – falls sie noch gereinigt werden muss – den zeitlich begrenzten Umweg über das reinigende Fegefeuer oder den direkten Weg in die ewige Verdammnis (in die Hölle). Das spätere *Letzte Gericht* ist eher eine Bestätigung dieses ersten Urteils[17].

Der Himmel – die göttliche Glückseligkeit

Seelen, die vollkommen ohne Sünde aus dem Leben scheiden, gehen direkt und unmittelbar nach dem ersten Gericht in die ewige Seligkeit ein. Gemeint sind solche Seelen, die sich nach ihrer Taufe keinerlei *persönliche* Sünden aufgeladen haben, d. h., die schuldfrei geblieben sind, sowie alle Seelen, die für ihre Schuld gebüßt haben, die also gereinigt sind. Auch die Seelen der Apostel, der Märtyrer und der Heiligen dürfen direkt in den Himmel. An diesen Seelen gibt es nämlich nichts mehr zu reinigen[18].

Die Glückseligkeit (der Himmel) besteht in der direkten, unmittelbaren Anschauung Gottes, *von Angesicht zu Angesicht*. Die göttliche Wesenheit wird *direkt* wahrgenommen, ohne Vermittlung durch Sinne oder Verstand.

---

[16] aus katholischer Sicht

[17] Die christliche Sichtweise dieses ersten Gerichts stimmt überein mit dem yogischen Verständnis: Im Tod kommt es zur Erfahrung des eigenen göttlichen Selbst und damit zu einer Begegnung mit den hohen eigenen ethischen Maßstäben, an denen wir unsere vergangenen Handlungen messen (siehe hierzu auch die Kapitel über Geist und über Schuld).

[18] Jesus war in die Hölle hinabgestiegen, um die Gerechten und Heiligen zu befreien, die vor ihm gelebt hatten.

Gott zeigt sich dann unverhüllt. Seelen, die dies mitmachen, sind im Zustand großen Glücks, ewiger Ruhe und des unmittelbaren, *direkten* Wissens, sie sind *Gott ähnlich*. Nach diesem Glück verlangt unsere tiefste Sehnsucht. Diese Seelen sind aufgenommen in die Liebe des göttlichen Wesens, das sich ihnen unverhüllt und offen zeigt. Diese *direkte, unmittelbare* Erfahrung Gottes wird dann den bisherigen *indirekten*, weil *vermittelten* Glauben ersetzen. Diese unmittelbare Gottesschau wird ununterbrochen bis zum Letzten Gericht andauern und danach bis in Ewigkeit.

Die Taufe hat in diesem Zusammenhang die Wirkung, dass sie Menschen von ihren bisherigen *persönlichen* Sünden und von der Erb(Ur)-Sünde erlöst. Die Seelen von Kindern und auch von Erwachsenen, die nach ihrer Taufe keine neue Schuld auf sich geladen haben, werden aus dieser Sicht, da keine Buße oder Reinigung nötig ist, direkt in die ewige Seligkeit eingehen. Der Begriff *Sünde* ist dabei unmittelbar an den Gebrauch des eigenen, freien Willens gebunden. Kinder, die *nach* der Taufe und *vor* dem Gebrauch des eigenen, freien Willens sterben, gelten somit als unschuldig und rein[19].

Das Fegefeuer – ein Ort der Läuterung

Das Fegefeuer ist nicht als Strafe gedacht, sondern ist – durchaus positiv – ein Ort, an dem die Seelen verweilen, die vor dem Letzten Gericht noch Schuld abzutragen haben. Für normale, mittelmäßige Seelen nämlich, die *persönliche* Schuld auf sich geladen haben, gilt, dass sie gereinigt werden müssen. Sie bedürfen der Läuterung, einer vorübergehenden Buße, damit sie danach geheiligt in den Himmel eingehen können. Es geht darum, die *eigene Heiligkeit* zu erreichen, die notwendige Voraussetzung ist für die ewige Glückseligkeit.

Vergleichbar mit dem ersten Gericht ist das Fegefeuer vor allem eine Konfrontation mit sich selbst, mit der eigenen persönlichen Wahrheit. Die Seele gewinnt Einsicht in ihren Zustand, der meistens so aussieht, dass sie (im Leben) nicht vollständig *ja* zu Gott gesagt hatte. Dieses *Ja* muss noch wachsen und dafür ist diese Reinigung nötig. Im irdischen Leben können wir durch die Beichte diese Reinigung vornehmen. Die größte *Strafe* des

---

[19] Die Sorge galt damals vor allem auch den Seelen der Kinder, die noch *vor* der Taufe verstorben waren. Hierfür wurde die Vorstellung vom *Limbus* entwickelt, einem Zwischenort, in dem diese Seelen verbleiben würden.

Fegefeuers besteht darin, zu erkennen, dass wir noch nicht am Ziel sind. Weil Gott aber die reine Liebe ist, so ist auch dieses Fegefeuer ein Zeichen seiner Liebe, mit der er uns zu sich holt.

Diese Läuterung (*Purgatorium*) wird als ein reinigendes Feuer angesehen, das aber mit den Bestrafungen in der Hölle nicht zu vergleichen ist und auch nicht verwechselt werden sollte. Ob es in dieser Reinigungsphase noch einen freien Willen gibt, darüber gehen die Ansichten anscheinend auseinander. Einig ist man sich aber darüber, dass die Seelen in dieser, für sie schwierigen Phase durch die Hinterbliebenen unterstützt werden können. Den Seelen im Reinigungsort hilft es, wenn die (noch) Lebenden Gebete sprechen (Fürbitten). Aber auch ein Ablass oder Almosen sowie gute Werke (Bußwerke) haben unterstützende Wirkung. Dies alles nützt dem Heil der Seelen, denn diese können die Unterstützung nicht selbst vollziehen, sie muss von außen kommen. Auch das Messopfer am Altar wird als Unterstützung der Seelen im Reinigungsort angesehen. Es wird gebetet, damit niemand, keine einzige Seele verloren geht.

Die Hölle – der Verlust der Anschauung Gottes

Es gibt keine Hölle, die Gott für den Menschen bereithält! Gott ist die reine Liebe und die Hölle ist die Hölle des Menschen. Sie entsteht, wenn wir in freier Wahl Gott abweisen. Gott seinerseits nimmt – wenn wir ihn total abweisen – unsere Wahl so ernst, dass er sich zurückzieht und wir so in eine *Ewigkeit ohne Gott* eintreten. Hölle ist ein Zustand ohne Gott, ohne Liebe und ohne Güte.

Menschen, die schwere Sünden auf sich geladen haben, kommen erst gar nicht ins Fegefeuer, sie kommen – nach dem *ersten Gericht* – sofort in die Hölle, einem unauslöschlichen Feuer. Gemeint sind Seelen, die – obwohl getauft – sich mit einer *persönlichen* Tod-Sünde belastet haben. Sie werden in die Hölle hinabsteigen. Todsünden, also Sünden, die uns den ewigen Tod einhandeln, sind schwere Verstöße gegen die Liebe Gottes: Hochmut (Stolz), Neid, Zorn (Haß), Trägheit, Geiz und Begehren (Völlerei und Wollust). Für diese Seelen besteht die Hölle in den gefürchteten Höllenqualen. Andererseits ist – aus katholischer Sicht – niemand von Gott zu dieser Hölle vorherbestimmt, nur die *freiwillige* Sünde (Abkehr/Absonderung von Gott), die nicht durch Reue gesühnt wird, führt uns in die Hölle und in den ewigen Tod. Der schlimmste Schmerz der Hölle besteht in der ewigen Trennung oder Absonderung von Gott[20].

Bis zur Mitte des 20. Jahrhunderts nahm man an, dass auch die Seelen von ungetauften Menschen, die – weil nicht getauft – noch mit der *allgemeinen* Ur-Sünde behaftet sind, ebenfalls direkt in die Hölle kommen würden. Dort allerdings würden diese Seelen mit anderen Strafen belegt als die wirklichen Todsünder und sie würden sich auch an verschiedenen Orten aufhalten: Die Hölle bestand demnach für Seelen, die zwar an der Erb-Sünde teilhaben, aber sonst ohne persönliche Schuld sind, *nur* in dem Verlust der Anschauung Gottes. Dies galt im Prinzip für alle Ungetauften (Heiden). Auf dem II. Vatikanischen Konzil wurde in den 60er Jahren aber ein Dekret erlassen, in dem anerkannt wurde, dass das göttliche Heil auch zu den Gäubigen anderer Religionen kommt und selbst zu Ungläubigen, sofern sie schuldlos geblieben sind[21].

Die Auferstehung des Leibes und das Letzte Gericht

Die sogenannte Auferstehung des Leibes ist ein schwieriger Aspekt, über den sich auch heute noch die Gemüter erhitzen. Ist mit *Leib* unser materieller, feststofflicher Körper gemeint oder ein eher geistiger, feinstofflicher

---

[20] Es wird nirgendwo deutlich ausgesprochen, aber so gesehen ist unser Leben hier auf der Erde bereits vergleichbar mit einer *Hölle*. Wenn wir nicht gläubig sind oder ein Leben führen, das nicht auf Gott gerichtet ist, sind wir von Gott abgeschnitten. Allerdings ist diese *Hölle* auf Erden vorübergehend und uns bleibt noch die Wahl, uns für Gott zu entscheiden. Wir können unsere Situation aber auch mit dem *Fegefeuer* vergleichen, denn das Leben hier auf der Erde gibt uns die Chance am Prozess unserer eigenen Heiligung zu arbeiten.

[21] Die katholische Kirche vertritt inzwischen die Sichtweise, dass religiöse Erfahrungen von Menschen aus anderen Religionen ebenfalls Erfahrungen einer verborgenen Macht oder eines höchsten Gottes sind und dass sie *authentisch* sind. Seit dem II. Vatikanischen Konzil (1962–1965) werden andere Religionen und ihre Lehren als Ausdruck von Erfahrungen angesehen, die ebenfalls *wahr und heilig* sind. Auch Heiden und Atheisten können von der erlösenden Gnade Gottes erreicht werden. Die Kirche fordert ausdrücklich dazu auf, den geistlichen und sittlichen Wert der anderen Religionen anzuerkennen. Besonders betont wird, dass sie – zusammen mit den Christen – *Gott als ein und dasselbe letzte Ziel* haben. Denn genau wie das Christentum versuchen auch die anderen Religionen Antworten auf die ungelösten Fragen unseres Daseins zu geben. Alle Religionen bemühen sich, der *Unruhe des menschlichen Herzens zu begegnen* und ihr einen Weg zu weisen. Beim Buddhismus wird vor allem anerkannt, dass er einen Weg lehrt, auf dem die Menschen den Zustand vollkommener Befreiung erreichen können oder zur höchsten Erleuchtung kommen können. Der eigenen, willentlichen Anstrengung kommt hierbei ebenso eine Bedeutung zu, wie der Gnade, der *Hilfe von oben*.

Leib? Wie kann ein Körper, der doch offensichtlich im Grab verwest, wieder erweckt werden? Die christlichen Vorstellungen zu dieser Frage orientieren sich sehr stark am Geschehen rund um den Tod und die Auferstehung von Jesus Christus. Dem Beispiel von Jesus folgend, gilt für alle Seelen, auch für Seelen in der Hölle, dass sie sich am Ende der Zeiten mit ihren wiedererweckten und dann unvergänglichen Leibern vereinen. Die Auferstehung von den Toten ist – nach dem Vorbild von Jesus – eine Auferstehung des Leibes. Die Lehre der katholischen Kirche – auch im modernen Katechismus – ist, dass alle Toten in ihrem eigenen Leib auferstehen werden. Dieser Auferstehungsleib wäre weder luftförmig noch eine eingebildete Erscheinung[22], sondern wäre verherrlicht und in gewisser Weise überirdisch. Unser verweslicher Körper wird als eine *Saat* betrachtet, die ins Grab gelegt wird, aus dem dann ein un-verweslicher Leib – ein geistlicher Leib – aufersteht. Mit Leib ist hier nicht unser feststofflicher, materieller Körper mit seiner chemisch-physikalischen Zusammensetzung gemeint. Es ist offensichtlich, dass dieser Körper im Grab zerfällt. Wir bekommen also nicht dieselbe Materialität zurück, die wir jetzt haben. Mit Leib ist vielmehr die Form und das Aussehen unseres jetzigen Körpers gemeint, eigentlich sein *Bauplan*. Moderne Christen sehen in diesem Auferstehungsleib deshalb eher einen feinstofflichen Leib. Manche geben sich auch damit zufrieden, dass uns dieser Bereich jetzt noch nicht zugänglich ist, weil wir es jetzt noch nicht *wissen* können. Auch der *Katholische Katechismus* gibt zu, dass das *Wie* der leiblichen Auferstehung unsere Vorstellung und unser Verstehen übersteigt, es sei uns nur *im Glauben* zugänglich.

Die Auferstehung des Leibes wird in der Vorstellung eng mit dem Letzten Gericht und mit der Wiederkunft von Christus verbunden. Jesus Christus wird am Ende der Zeiten als der Richter aller Lebenden und Toten erwartet. Beim Letzten Gericht stehen wir alle vor Christus als unserem Richter und jeder wird das, was er an Gutem oder Bösem getan hat, verantworten müssen. Dann wird Christus sein letztes, endgültiges Urteil über uns sprechen. Dieses Gericht wird deutlich machen, was jeder Einzelne getan

---

[22] Eine Schwierigkeit in diesem Zusammenhang besteht darin, dass Jesus nach seiner (leiblichen) Auferstehung nicht nur seinen Schülern erscheint, durch geschlossene Türen geht, sondern auch Fisch isst und dass er von Maria Magdalena und anderen Freunden zunächst nicht wiedererkannt wurde. Maria Magdalena hielt ihn für den Gärtner! Es könnte allerdings auch möglich sein, dass Christus sich nicht erkennen lassen wollte.

hat und jeder wird dann seinen Lohn bekommen. Die einen werden für ihre Sünden, für die sie zu Lebzeiten noch keine Buße getan haben, in der Hölle (zusammen mit dem Teufel) das ewigdauernde Leiden erfahren. Die ewige Hölle ist eine Art zweiter Tod, denn er ist für immer. Die anderen werden (zusammen mit Christus) im Himmel die ewigdauernde Seligkeit erfahren[23]. Am Tage des Gerichts erscheinen alle Menschen – gute wie böse – in ihren *eigenen Leibern* vor dem Richterstuhl, um Rechenschaft für ihre Taten abzulegen. Danach führt der Weg in den Himmel oder in die Hölle – für ewig.

Der Zeitpunkt, an dem dieses Gericht stattfindet, wird als das *Ende der Zeiten* angegeben. Wann dies sein wird, weiß niemand. Alle Menschen (Lebende wie Verstorbene) werden *gleichzeitig* dieses Letzte Gericht erfahren[24], es geht also um ein kollektives Geschehen. Nach diesem Letzten Gericht wird das Reich Gottes vollendet sein. Im Himmel werden – mit Christus – die Gerechten an Leib und Seele verherrlicht sein, das Weltall wird erneuert sein – auch wenn niemand weiß, wie dies geschehen wird – und auch die Kirche wird erst dann vollendet sein. Das Letzte Gericht wird aus diesem Grunde auch als der *Jüngste Tag* bezeichnet.

Leichenverbrennung – das Problem der Einäscherung

Das Christentum übernahm mit den jüdischen Wurzeln auch die Ablehnung der sogenannten Feuerbestattung. Leichenverbrennung war im Christentum nicht üblich, vor allem auch, weil Christus selbst in ein Grab gelegt (begraben) wurde – vor seiner Auferstehung. Mit dem Aufkommen der materialistischen Weltsicht wurden etwa ab dem 19. Jahrhundert Fragen rund um die Einäscherung zu einem wirklichen Problem für die Kirche. Antichristliche Freimaurer ließen sich mit Absicht verbrennen, um zu zeigen, dass sie nicht an ein Jenseits und schon gar nicht an eine Auferstehung glaubten. Die Kirche sah sich deshalb gezwungen, ihren Standpunkt deutlich zu machen.

---

[23] Es geht hier nicht um den (geistigen) Himmel der Engel, sondern um einen neuen Himmel und eine neue Erde, mit einer neue Leiblichkeit.
[24] Es geht beim *Jüngsten Tag* (primär) um die Beendigung der ganzen (Menschheits-)Geschichte und um die abschließende Bilanz Gottes, *ob er mit der Menschheit das Gewollte erreicht hat*.

Wenn die Leichenverbrennung auf Grund des eigenen Willens des Verstorbenen stattfand, durfte kein kirchliches Begräbnis gewährt werden[25]. Gläubige, die sich verbrennen lassen wollten, mussten ermahnt werden. Wenn sie sich trotzdem weigerten, von der Verbrennung abzusehen, so durfte ein Priester hieran eigentlich nicht mitwirken. Tat er es doch, so durfte es keine öffentliche Totenmesse werden, sondern nur eine private. Man begann jedoch recht schnell, Ausnahmen zu machen.

Diese Sichtweise hatte Gründe. Die Verbrennung wurde als respektlos gegenüber den Körpern der Verstorbenen angesehen, denn der Körper wurde als *Tempel des Heiligen Geistes* angesehen[26]. Außerdem mangelte es dieser Sichtweise an Ehrfurcht vor den Lehren der Kirche. Die Kirche befürchtete, dass mit der Verbrennung von Leichen dem materialistischen Denken die Tür geöffnet wurde. Von Befürwortern wurde die Verbrennung dagegen als Schutz der Gesundheit und als Verdienst des bürgerlichen Fortschritts angesehen. Obwohl die katholische Kirche inzwischen enorme Zugeständnisse in dieser Frage gemacht hat, wirken die alten Vorstellungen und Gebräuche noch nach. Inzwischen (seit 1963) ist die Einäscherung erlaubt, sofern der Glaube an die Auferstehung nicht in Frage gestellt wird. Die Einäscherung darf nicht gewählt werden aus Gründen, die der *christlichen Lehre widersprechen*. Auch Organspenden sind erlaubt und werden selbst als verdienstvoll angesehen, sofern sie unentgeltlich sind. Gläubige, die die Verbrennung wählen, haben Recht auf eine kirchliche Bestattung und Vertreter der Kirche dürfen an Feuerbestattungen mitwirken. Einäscherung wird aber auch heute noch von vielen Menschen intuitiv abgelehnt, weil die Verbrennung nicht gut vereinbar scheint mit der alten Vorstellung, dass die Verstorbenen zum Letzten Gericht leiblich auferstehen. Es könnte ja doch was dran sein! Als zentrale Frage wird also bleiben, was eigentlich dieser *Auferstehungs-Leib* ist.

---

[25] Nur wenn jemand durch die Bestimmung eines anderen verbrannt wurde, waren hinsichtlich des Trauer-Rituals und der Fürbitten Ausnahmen zugelassen. Solche waren zu Hause und in der Kirche zugestanden, nicht aber am Ort der Verbrennung.

[26] In krassem Widerspruch hierzu steht die durch Jahrhunderte hinweg gebräuchliche Sitte, verstorbenen Heiligen oder Märtyrern Körperteile abzuschneiden, Knochenstücke zu entnehmen, *Reliquien*-Handel damit zu treiben und sie zu verehren, um die Fürsprache dieser Heiligen zu gewinnen.

Reinkarnationsvorstellungen im frühen Christentum?

Es gab Reinkarnationsvorstellungen im frühen Christentum und gleichzeitig gab es sie nicht! Beides ist wahr, denn das Christentum war weder früher noch ist es heute eine geschlossene Einheit oder geschlossene Lehre.

Ab dem 2. Jahrhundert entstand im jungen Christentum eine Veränderung. Auch wenn es früher schon – genau wie auch in anderen Religionen – bereits Einsiedler gegeben hatte, so entstand nun eine Bewegung von *Entsagenden*, die in radikaler Innenschau in den eigenen Tiefen nach Gott suchten. Vor allem ab dem 3. bis 4. Jahrhundert zogen sich viele Gottsucher in die Wüste zurück. Parallel dazu begann das Christentum sich in der hellenistischen, *heidnischen* Welt zu verbreiten.

Mit dieser Ausdehnung in die anderen Mittelmeerländer hinein, die vollständig durch die griechische Sprache und Kultur geprägt waren, kam es zu einer Auseinandersetzung zwischen zwei sehr verschiedenen Welt- und Gottesauffassungen. In dem Versuch, den jungen christlichen Glauben für die damalige Kultur verständlich zu machen, übernahmen die christlichen Denker viele gnostische Ideen in ihren eigenen Glauben. Für die junge, offizielle Kirche aber, die stets *orthodoxer* wurde, indem sie auf den Konzilien bestimmte Lehren und Vorstellungen für legitim und andere für tabu erklärte, wurde irgendwann auch die Vorstellung von der Reinkarnation (Seelenwanderung) zu einem Tabu-Thema (*Anathema*). Nicht jedoch für Anhänger der hellenistisch-*esoterischen* Strömung der Gnosis.

Wir werden uns in diesem Abschnitt mit beiden Sichtweisen beschäftigen. Vor allem, weil die kirchliche Sicht vom *einmaligen* Leben hier auf der Erde – überraschend genug – doch auch Übereinstimmungen mit dem Buddhismus sehen lässt. Zunächst gehen wir auf die Lehre der katholischen Kirche ein und beziehen uns dabei auf einige gängige Bibelstellen, dann werden wir die verschiedenen Strömungen der Gnosis behandeln, in denen wohl über eine Wiederkehr des Menschen diskutiert wurde.

Die Lehre der katholischen Kirche besagt, dass wir – wenn wir unseren einmaligen Lebenslauf vollendet haben – nicht mehr zurückkehren. Nach dem Neuen Testament leben wir *nicht* mehrere Male auf der Erde, sondern es ist uns bestimmt, ein *einziges* Mal zu leben und dann zu sterben. Es gibt keinen Raum für Reinkarnationsgedanken. Im Gegenteil: Dem einmaligen Leben wird sogar ein sehr hoher Wert beigemessen, denn ansonsten würden wir wahrscheinlich unsere *Bekehrung* aufschieben. So aber müssen wir es *jetzt* tun, ein Leben reicht aus, um *ja* zu Gott zu sagen!

Aufgrund der jüdischen Wurzeln des Christentums erscheint es so gut wie unmöglich, dass sich die ersten Christen mit Fragen rund um Wiederverkörperung beschäftigt hätten. Denn das Judentum jener Zeit kannte diese Vorstellung nicht, erst viel später, etwa ab dem 9. Jahrhundert beschäftigten sich auch jüdische Gläubige mit dieser Idee. Die griechische (hellenistische) Kultur aber, in die das junge Christentum bei seiner Ausbreitung in den Mittelmeerraum eindrang und die ihm viele theologische Diskussionen abforderte, war mit diesen Vorstellungen jedoch sehr wohl vertraut. Deswegen darf vermutet werden, dass die Vertreter der jungen Kirche die Idee der Reinkarnation wahrscheinlich kannten. Sie nahmen diese Vorstellung aber nicht in die *Glaubenswahrheiten* (Dogmen) der Kirche auf. Diese Idee hätte nämlich die Sichtweise bezüglich der göttlichen Gnade und der Erlösung des Menschen durch den Messias sehr grundlegend verändert, denn bei Reinkarnation geht es immer auch um *Selbst*-Erlösung. Die Kirche war die Kirche des Jesus Christus, der als Erlöser (Messias) gekommen war, um die Menschen zu befreien. Reinkarnation und damit *Selbst*-Erlösung hätten diese Basis des christlichen Glaubens ganz grundsätzlich in Frage gestellt. Die Vorstellung geht deshalb im katholischen Christentum eher dahin, dass eigene Anstrengung *und* göttliche Gnade bei der Erlösung zusammenwirken müssen. Denn wenn wir die Erlösung durch Reinkarnation erreichen könnten, dann wäre das Selbstopfer von Jesus Christus für die Erlösung der Menschheit nicht nötig gewesen.

Es gibt in den Evangelien jedoch einige Stellen, die den Eindruck erwecken, als könne es doch um Reinkarnation (Seelenwanderung) gehen. Sie sind immer wieder Anlass zu Spekulationen gewesen. Aber diese Stellen sind genauso gut auch anders interpretierbar. Sie sind strittig und in keinem Fall ein *Beweis*, dass dem jungen Christentum der Gedanke an Reinkarnation selbstverständlich gewesen wäre. Gemeint sind Stellen, an denen Vermutungen geäußert werden, dass Jesus möglicherweise Johannes der Täufer sei (bzw. dessen Kraft oder Energie). Oder dass Jesus eventuell die Wiederkunft der Propheten Elia oder Jeremia oder eines der anderen Propheten sein könnte. Dabei wurde damals jedoch nicht unterstellt, dass diese Propheten in einem *anderen* Körper wiedergeboren wären, sondern in *derselben* Gestalt wieder-*erscheinen* würden, in der sie damals gelebt hatten. Denn Elia z. B. war angeblich nicht gestorben, sondern zum Himmel aufgefahren. Jesus selbst sagte über Johannes den Täufer (seinem Vorboten), dass dieser Elia sei, während andererseits Johannes dies bestritt. Damals wurde bei jedem besonderen Menschen sehr schnell vermutet, dass er Elia sei, der am Ende der Zeiten als Vorbote erscheinen sollte, um den Messias anzukündigen.

Auch die damaligen Vorstellungen über die Ursachen von Krankheit lassen nicht ohne weiteres den Schluss zu, dass hiermit Reinkarnationsideen verbunden gewesen wären. In der damaligen Zeit wurden Krankheiten den eigenen Sünden zugeordnet oder – im Falle von ererbter Krankheit oder Behinderung – den Sünden der Eltern, beides allerdings ohne den Zusammenhang mit eventuellen früheren Leben. Es wurde also, um es mit buddhistischen Worten auszudrücken, ein *karmischer* Zusammenhang vermutet. Auf diese *karmische* Verbindung wird auch heute noch angespielt, wenn Menschen, die schweres Leid mitmachen, sagen: „Womit habe ich das verdient?", oder wenn der Volksmund sagt: „Kleine Sünden bestraft der liebe Gott sofort!"

Aber auch wenn in den Texten, die schließlich in das Neue Testament aufgenommen wurden, nicht ausdrücklich über Reinkarnation gesprochen wird, so ist dies wiederum *kein* Beweis, dass diese Ideen damals *nicht* bekannt gewesen wären. Menschen von heute, die ein esoterisches Christentum vertreten, sind der Meinung, dass das Wissen um die Seelenwanderung – zumindest in eingeweihten Kreisen – damals so selbstverständlich war, dass es einfach nicht nötig gewesen sei, darüber groß zu reden. Dieses Wissen wurde aus ihrer Sicht seit jeher an kleine Gruppen auserwählter Schüler weitergegeben, es war nicht für die große Masse der Gläubigen bestimmt. Die Kirche hat sich jedoch immer diesen *eingeweihten Kreisen* widersetzt.

Den ersten Christen und ihren Lehrern (den Kirchenvätern) war die Idee der Reinkarnation also wahrscheinlich bekannt. Wie sonst hätte es diesbezüglich bereits in den ersten Jahrhunderten zu Auseinandersetzungen kommen können, vor allem zwischen der offiziellen Kirche und der hellenistisch-*esoterischen* Strömung der Gnosis?

Der Begriff *Gnosis* kommt aus dem Griechischen und bedeutet *Erkenntnis*. Die Gnosis war eine weitverbreitete Erlösungslehre, die auf die individuelle Erkenntnis Gottes setzte, auf die persönliche Gottes-*Erfahrung*, die damit weit über das kirchlich-christliche *Glauben* hinausging. Konkreter Anlass dieser Auseinandersetzungen war eine Lehre, die von Origines (185–254 n. Chr.) entwickelt worden war. Origines verwendete die Philosophie von Plato, um christliche Theologie zu betreiben. Er übernahm mit der griechischen Sprache viele gnostische Begriffe in seine Lehre, Begriffe, die aber zum Teil parallel ihre alte Bedeutung behielten.

Die Bewegung der Gnosis geht u.a. auf die Philosophie des Plato (430–347 v. Chr.) zurück, die viele mystische Aspekte hatte und damals sehr weit verbreitet war. Die Gnosis kann als eine *radikale* Form des Platonismus angesehen werden. Es ging den Gnostikern (Wissenden) um die Verwirklichung des wahren *Selbst* und um die Befreiung der Seele aus dem Körper, die dann zum Göttlichen aufsteigen würde. Diese Erlösung des Menschen konnte aus eigener Kraft geschehen (Selbst-Erlösung) und bedurfte keines Erlösers von außen. Der Wunsch, zu Gott zurückzukehren, kam aus einem göttlichen Funken im Menschen. Es ging darum, diesen göttlichen Licht-Funken, der in der Tiefe des menschlichen Geistes liegt, zu befreien. Ein weiteres wichtiges Ziel war, Einsicht (*direkte* Kenntnis) in die tieferen Schichten des Lebens zu bekommen[27]. Aber nur Menschen, die für solche Erfahrungen empfänglich waren und offen standen, hatten eine Chance, zu solchen Einsichten zu gelangen. Die Gnostiker lehnten eine rein spekulative (Kopf-)Philosophie genauso ab, wie eine Erlösung, die von außen kam oder kommen sollte. Denn Gott und die anderen Götter waren für die Gnostiker keine externen, objektiven Tatsachen, sie waren in den Tiefen des menschlichen Geistes selbst zu finden.

Als die frühen Christen auf ihrem Vormarsch in die hellenistische Kultur mit diesem mystisch-philosophischen System in Berührung kamen, hatten

---

[27] Die Erlösung besteht in den gnostischen Texten im Erwerb von Kenntnis über die Herkunft und die Bestimmung der Seele (Roukema). Diese Kenntnis darf nicht in kognitivem Sinne verstanden werden, sondern eher als Erinnerung, welche allerdings göttliche Gnade ist.

sie Schwierigkeiten, ihr eigenes Glaubensverständnis und Gottesbild darzulegen. Vor allem, weil es damals noch keine ausgefeilte Theologie gab, sondern nur erste theologische Ansätze. Sie waren also gezwungen, ihren Glauben theoretisch zu untermauern, um in der Konfrontation mit der hellenistischen Kultur und der Gnosis bestehen zu können. Dies löste auch innerhalb des Christentums eine Bewegung aus, die eine gewisse Radikalisierung mit sich brachte – die *christliche* Gnosis[28]. Die christliche Gnosis bezog aber durchaus einen Erlöser mit ein. Um den Rückweg der Menschen zu Gott zu unterstützen, hatte aus ihrer Sicht der höchste Gott, der sich ansonsten nicht weiter um die Welt kümmerte, einen Erlöser zur Erde gesandt, der den Menschen die *wahre Kenntnis* offenbart hatte. Diese Bewegung bekam viele Anhänger und das Christentum kam in eine erste schwere Krise.

Der Durchbruch des Christentums in der hellenistischen Welt gelang, als am Ende des 2. Jahrhunderts einige gebildete *Heiden* sich zum Christentum bekehrten. Clemens von Alexandria (gest. 215 n. Chr.) hielt es für möglich, dass Menschen Jesus nachfolgen und *auch* göttlich werden konnten. Origines (185–254 n. Chr.), Nachfolger des Clemens von Alexandria, nahm weitere Ideen der Gnostiker in die christliche Lehre auf. Zum Beispiel die Idee, dass Menschen sich durch ethisches Verhalten entwickeln und vervollkommnen können, durch Anschauung (*theoria*) stets mehr Kenntnis (*gnosis*) von Gott erwerben und zum Schluss selbst göttlich werden können. Origines sah die menschliche Seele als prinzipiell gleich an mit der Seele von Jesus und hielt den *Glauben* an die Göttlichkeit des Menschen Jesus für eine Phase, die uns helfen soll, unseren eigenen Weg zu absolvieren. Die

---

[28] Für Campbell sind bei der Überlieferung des christlichen Erbes zwei Ströme zu erkennen, die sich teilweise mischten, jedoch niemals ineinander aufgingen. Einerseits gab es die offizielle Kirche, mit ihrem Nachdruck auf Tradition und mit den kanonisierten Schriften. In ihr ging es um die Erwartung, dass der Messias irgendwann wiederkam und dass man sich zwischenzeitlich durch soziales und ethisches Verhalten um seine Nachfolge bemühen musste. Aber es gab auch eine mehr unterirdische Strömung, die der verschiedenen gnostischen Sekten. Für beide lässt sich als Übereinstimmung festhalten, dass sie die Natur und die Welt als Problem, als Sünde auffassten, die es zu überwinden galt, während in den alten heidnischen Mysterien-Gottesdiensten die Schöpfung als göttlich aufgefasst worden war. Die beiden Strömungen unterschieden sich jedoch auffallend darin, wem die Verantwortung für diese *Verderbtheit* anzulasten sei. In der jungen Kirche wurde die Verderbtheit der Natur dem Sündenfall des Menschen angelastet, während die hellenistische Gnosis die Schöpfung und damit auch den Sündenfall dem Schöpfer selbst anlastete.

menschliche Seele wurde von ihm als göttlich anerkannt. Sie befand sich aber in einer Situation der Trennung von Gott, welche es zu überwinden galt.

Eine Vorstellung der hellenistisch-*esoterischen* Gnosis war, dass die menschliche Seele immateriell und bereits *vor* der Geburt als Mensch vorhanden sei (*Prä-Existenz*). Wobei Prä-Existenz nicht automatisch Wiedergeburt (Reinkarnation) bedeutet. Gott schuf körperlose Seelen, die nach ihrer Absonderung von Gott verschiedene Formen (Seinsweisen) annahmen. Diese Seelen hatten sich aus der Anschauung Gottes entfernt, sich der schlechten Seite zugewandt und damit die Liebe zu Gott verraten. Zur Strafe waren sie in Leiber gesteckt worden und saßen dort gefangen. Die Strafe für Seelen, die über diese erste Ur-Sünde hinaus noch weitere Sünden auf sich geladen hatten, war dieser Ansicht nach zeitlich begrenzt und würde nach einer bestimmten Zeit ein Ende haben. Danach käme die völlige Wiederherstellung als Mensch. Nach dem leiblichen Tod würde die Seele in höhere Sphären aufsteigen und dabei einen Läuterungsprozess mitmachen. Sie könne dabei möglicherweise mehrere Male *wiedergeboren* werden, jedoch nie auf demselben geistigen Niveau (Sphäre). Irgendwann würde sie zum Anfang, zu Gott zurückkehren. Auf diesem Weg würde sie immer ihre eigene Identität, ihr *Ich* behalten[29]. In der hellenistischen Gnosis musste der Mensch durch eigene Anstrengung diesen Prozess der Vervollkommnung absolvieren (*Selbst*-Erlösung). In der christlichen Gnosis dagegen war er dazu auf die Unterstützung (Gnade) des Erlösers angewiesen, der den Menschen zur *wahren Kenntnis* verholfen hatte. Origines vertrat die Ansicht, dass es nur *einen* Vermittler und Erlöser gab – Jesus Christus, der aber über zwei Naturen verfügte, eine menschliche Natur (um uns erreichen zu können) und eine göttliche Natur (um uns befreien zu können).

Um den Unterschied zwischen der allgemeinen Gnosis und der christlichen Gnosis noch einmal zu verdeutlichen, sei hier vor allem auf ihr Verhältnis zur jungen Kirche und ihrer Lehre verwiesen. Die hellenistisch-*esoterische* Gnosis existierte bereits vor der sich bildenden jungen Kirche und verstand sich unabhängig von ihr. Diese Strömung setzte auf *Selbst*-

---

[29] Ein Gedanke, der sehr an die hinduistische Sichtweise der Seele (atman) als konstanten, die einzelnen Reinkarnationen verbindenden Faktor erinnert (siehe hierzu das Kapitel über die östliche Sichtweise).

Erlösung. Die christliche Gnosis kann als ein Zwischenelement angesehen werden zwischen der hellenistisch-*esoterischen* Gnosis und dem jungen christlichen Glauben (mit seiner zunehmenden Orthodoxie). Die Erlösungslehre der christlichen Gnosis bezog sich auf den Messias Jesus Christus, auf dessen Gnade wir bei der Erlösung angewiesen sind.

Wegen seiner Bedeutung für das frühe Christentum sei auch Plotinus (205–270 n. Chr.) erwähnt, ein griechischer Philosoph und Mystiker, der dem Christentum nahestand und in Rom eine Philosophenschule gründete. Er kommt mit seiner Sicht der Dinge dem Tibetischen Totenbuch und unseren Ausführungen dazu sehr nahe. Auch für Plotinus ging es darum, Gott innen zu suchen. Für ihn war Gott die Ur-Einheit, mit der die menschliche Seele sich wiedervereinen wollte. Diese Ur-Einheit war für ihn transzendent, unpersönlich, namenlos, in sich selbst ruhend und absolut schweigend. Und doch hatte dieses Eine sich durch Veräußerung seiner selbst (*extase*) kenntlich gemacht. Der Sohn (*logos*) hatte ebenfalls göttliche Qualitäten, befand sich aber auf einem anderen Niveau.

Manchmal ist es Menschen möglich, in einer ekstatischen und überwältigenden Erfahrung das Eine zu begreifen. Denn das Begreifen des Einen wird weder durch normale Kenntnis noch durch intellektuelles Denken erreicht, sondern durch *direkte* Kenntnis, und die geschieht nur, wenn Gott *nahbei* ist (*parousia*). Gott sollte aber – so Plotinus – nicht in der objektiven Außenwelt gesucht werden, sondern in den Tiefen des eigenen Geistes. Phasen der Anschauung (*theoria*) und schwierige Phasen der Reinigung (*katharsis*) würden sich dabei ablösen und aufeinander folgen.

> *Wenn nun die Seele ist, wie sie sein sollte,*
> *richtet sich ihr Begehren auf Gott*
> *und sie will eins mit ihm werden.*
>
> PLOTINUS

Die Idee der Prä-Existenz der Seelen hatte jedoch auch Gegner. Diese waren der Meinung, dass sowohl der Körper *als auch die Seele* erschaffen seien und dass es *keine* bereits vor der Geburt existierende Seele gebe. Diese Sichtweise hat sich letztlich durchgesetzt. Jegliches Spekulieren über die prä-existente Seele wurde verboten. Dieses Verbot wurde auf dem 5. Ökumenischen Konzil in Konstantinopel (553 n. Chr.) bestätigt und war damit endgültig. In den Protokollen dieses Konzils wird jegliche vorherige Existenz der Seelen abgestritten. Abgelehnt wurde auch die gnostische Vorstellung, dass die Seelen aus der Substanz Gottes entstanden seien, dass sie in der *himmlischen Wohnung* gesündigt, nämlich sich von Gott abgewandt hätten und dafür in menschliche Leiber auf die Erde hinabgestürzt worden wären. Diese Abweisung galt vor allem Origines, dem großen christlichen Philosophen.

Die christliche Gnosis hatte bereits im 4. Jahrhundert, mit der Einführung des Christentums als Staatsreligion (des Römischen Reiches), an Bedeutung verloren. Mit dem Verbot der Lehren des Origines (im 6. Jahrhundert) wurde ihr dann ein definitives Ende gesetzt. Die Bewegung der *Entsagenden* aber, die Gott in den eigenen inneren Tiefen suchen, setzte sich fort. Die gnostischen Ideen wurden von der manichäischen Religion, die im 3. Jahrhundert vom Propheten Mani in Persien gegründet worden war, zu einer neuen Blüte gebracht und fanden später im Mittelalter bei den Katharern und Albigensern eine Fortsetzung.

Für das Thema unseres Buches ist interessant, dass es in den ersten Jahrhunderten beide Sichtweisen gab: die Sicht der jungen Kirche mit dem *einmaligen* Leben und die gnostische Sicht der ständigen *Wiederkehr*, in der die Seele sich zu Gott hin-entwickeln würde. Beiden Standpunkten werden wir im Kapitel über die östlichen Religionen wieder begegnen. Im Hinduismus geht man davon aus, dass das menschliche *Ich* mehrere Existenzen durchlaufen muss, bevor es in Gott aufgeht. Und obwohl es gerade der Buddhismus ist, über den die Ideen von Reinkarnation uns erreichen, ist gerade er es, der diese Sichtweise ablehnt. Für den Buddhismus – in seiner reinen Form – gibt es keine *individuelle Kontinuität*, keinen konstanten Faktor wie das *Ich*, der diese Existenzen miteinander verbinden würde. Verbindend sind hier eher die Eindrücke ins Leben (*karma*), die wir mit unseren Handlungen verursacht haben und die von einer nächsten inkarnierenden Seele übernommen und ausgeglichen werden müssen. Dies ist die religionsphilosophische (oder theologische) Sichtweise des Buddhismus, während im Volksglauben aber davon ausgegangen wird, dass *wir selbst* es sind, die zurückkehren werden.

Die zyklische Sichtweise des Ostens

Hinduismus und Buddhismus sind beide älter als das Christentum. Wenn wir uns auf den folgenden Seiten erst mit dem Hinduismus, dann mit dem Buddhismus beschäftigen, dann tun wir dies in dem Versuch, zu verstehen, wie diese beiden Religionen die Beziehung zwischen Mensch und Gott sehen und wie sie den Abstand dazwischen zu überwinden trachten. Dieses Kapitel will auch verdeutlichen, welche Bedeutung das Nachdenken über *Wiedergeburt* hat. Ganz nebenbei wird dabei deutlich werden, dass beide Religionen in einem wichtigen Aspekt viel mit dem Christentum gemeinsam haben: dass es nämlich darum geht, ethisch zu leben. Die Frage, ob es Reinkarnation gibt oder nicht, wird daneben beinahe unwichtig.

Der Hinduismus – die älteste Religion der Welt

Der Hinduismus kennt nicht die dogmatische Festlegung von Glaubensbekenntnissen, wie sie für das Christentum und für andere monotheistische Religionen kennzeichnend sind, sondern jede Überlieferung oder Tradition, die dem Menschen hilft, seine Seele Gott zuzuwenden, findet Anerkennung. Die einzelnen religiösen Traditionen weisen hierbei so große Unterschiede auf, dass es manchmal korrekter wäre, nicht von *dem* Hinduismus, sondern von *den indischen Religionen* zu sprechen, zu denen dann aber auch der Buddhismus und der Jainismus gerechnet werden müssten.

Der wichtigste Unterschied zum Christentum liegt darin, dass die östlichen Religionen von einem grundlegend anderen Verständnis dessen ausgehen, was wir *Zeit* nennen. Anders als im Judentum und Christentum kennen diese Religionen kein lineares Zeitverständnis (mit einem Anfang und einem Ende und einem linearen Verlauf dazwischen), sondern ein zyklisches Zeitverständnis, in dem alles wiederkehrt. Jeder Zyklus beginnt mit einer Neu-Schöpfung der Welt und einem Goldenen Zeitalter und endet – nach einem Silbernen, Bronzenen und Eisernen Zeitalter – mit einem abschließenden Weltuntergang[30]. Im Laufe dieser Zeitalter verbirgt sich die Wahrheit immer mehr, bis sie schließlich ganz verdunkelt ist. Zwischen den Zeiten, also zwischen Weltuntergang und Welt-Neuschöpfung ist das Göttliche nicht manifest. Gott ruht – in sich selbst. Heute leben wir im Eisernen Zeitalter, das heißt, die Wahrheit ist für uns völlig verborgen. Die Aufmerksamkeit der Menschen liegt allein auf dem Materiellen. Erfolg und Fortschritt werden dementsprechend auch nur in diesem Bereich bemessen. Wir Menschen sind über unser Tun und Lassen an der absteigenden Tendenz der Zeitalter und ihrer abnehmenden Qualität maßgeblich beteiligt. Mit unserer nachlassenden Ethik, dem Materialismus und unserem zunehmenden Egoismus tragen wir dazu bei, dass die Zeiten schlechter werden; so schlecht, dass selbst das Klima außer Rand und Band gerät. Während des Eisernen Zeitalters (*kali yuga*) sind die Menschen mit ihrem moralischen und sozialen Niedergang in ihrem schlimmsten Zustand angelangt. Die absteigende Tendenz der Zeitalter mit dem Verfall der Menschheit ist Ergebnis einer Gesetzmäßigkeit, die dem Leben zugrunde liegt, die wir aber auch nutzen können, um durch eigenes ethisches Verhalten zum Wohle und zur Erlösung aller beizutragen.

Im Hinduismus geht man davon aus, dass das Göttliche nicht nur im Außen zu finden ist, in der Gestalt der angebeteten Gottheit, sondern auch im Innern des Menschen selbst. Es gilt, dieses Göttliche in sich selbst zu entdecken und zu verwirklichen. Dabei geht es um die Erkenntnis, dass das Göttliche (*Brahman*) und die menschliche Seele (*atman*) in einer engen Beziehung zueinander stehen bzw. identisch sind[31]. Mit identisch wird ausgedrückt, dass das Selbst die eigentliche Wirklichkeit des Seins ist. Nicht nur das Selbst, sondern alle Dinge sind Ausströmungen dieser göttlichen Wirklichkeit, die wiederum alles durchdringt. Der Verlust des Bewusstseins der

---

[30] Jedes Zeitalter kennt dabei Unterabschnitte, die den Namen Manus tragen, des indischen Noah, der die jeweilige Sintflut am Ende eines Abschnittes überlebt. Das Eiserne Zeitalter (*kali yuga*), in dem wir nun leben, wird angeblich nach weiteren sieben Sintfluten mit der nächsten Weltauflösung enden. Der gegenwärtige Zeitabschnitt (also die Zeit zwischen der letzten und der kommenden Sintflut) wird benannt nach Manu *Vaivasvata*, dem Sohn des strahlenden Sonnengottes.

[31] Die Seele ist in ihrer *Essenz* göttlich (atman = Brahman). Auf diese Tatsache wird hingewiesen, wenn die göttliche Seele als Selbst oder wahres Selbst bezeichnet wird. Mit der Verwendung des Begriffes *Selbst* bleiben wir in diesem Kapitel nahe bei seiner hinduistischen Bedeutung. In späteren Kapiteln werden wir von *Seele* oder vom *bewussten Wesen* sprechen.

eigenen Göttlichkeit wird auch als Vergessen bezeichnet, als eine Un-Bewusstheit, die dem Schlaf gleichkommt und den Verlust des eigenen Selbst bedeutet. Von der Unwissenheit (*avidya*), die aus dem Vergessen resultiert, gilt es, sich zu befreien, um über die Erinnerung wieder die Vollkommenheit zu erreichen. Durch dieses Vergessen ist das Selbst so lange in der Falle des Körpers gefangen, bis es sich wieder seiner selbst, des wahren Seins erinnert. Es ist gefangen in seiner eigenen Illusion (*maya*) und wird erst durch die Erinnerung aus der Abhängigkeit von den irdischen Dingen befreit. Der Moment der Befreiung ist das Erkennen, dass man selbst auch das Sein ist. Die Situation, in der das Selbst sich befindet, ist eigentlich paradox: In die Illusion seiner zeitlichen Existenz verstrickt, leidet das göttliche Selbst so lange, bis es entdeckt, dass es nur *scheinbar* in diese Illusion verstrickt war (Eliade). Deshalb ist auch weiter keine Strafe vorgesehen, die *Sünde*, sein wahres Selbst vergessen zu haben, ist schon Strafe genug.

Durch das eigene Tun und Lassen, durch unser Denken und Sprechen und durch unsere vielfältigen Wünsche bauen wir Menschen *karma* auf (Ergebnisse, Folgen oder Früchte des Handelns) und bringen uns selbst damit in die schmerzvolle Situation einer Wiedergeburt. Aber auch wenn es vor allem unsere eigenen, unbewussten Wünsche sind, durch die wir zu einer nachfolgenden Inkarnation getrieben werden, hier auf Erden wissen wir später nichts davon, sondern fühlen uns im Gegenteil oft machtlos den göttlichen Kräften oder dem Schicksal ausgeliefert. In der Unwissenheit über die wirklichen Verhältnisse und im *karma* liegen darum aus hinduistischer Sicht die Wurzeln allen Leidens. Die Götter können jedoch durch Gebet oder liebevolles Dienen günstig gestimmt werden, so dass sie ihre Anhänger vom *karma* befreien und ihnen helfen können, das Heil zu erreichen. Obwohl unangenehm, wird Leiden als durchaus sinnvoll angesehen, es dient zur Abgleichung alter Schuld, zur Reinigung der Seele. Eine Sichtweise, mit der gläubige Christen vertraut sind, die für weltlich orientierte Menschen aber eine schreckliche Vorstellung ist.

Aus hinduistischer Sicht ist es *nicht* wünschenswert, immer und immer wieder zurückzukehren[32]. Im Gegenteil, es erscheint höchst erstrebenswert,

---

[32] Anders als in der westlichen New-Age-Bewegung, wo die Idee der Wiedergeburt von den meisten Menschen mit Erleichterung aufgenommen wird, hat diese Vorstellung in den indischen Religionen eher den Beigeschmack von *gefangen sein* im Kreislauf des Lebens (*samsara*).

diesen Kreislauf der Wiedergeburten zu verlassen. Denn das Leben hier auf der Erde wird – verglichen mit der ewigen Glückseligkeit – als Leiden betrachtet, dem man nur entgehen kann, wenn man diesen Kreislauf für immer verlässt. Aber trotz des Leidens, das Menschen erleben, ist das Leben hier auf der Erde nicht nur negativ. Denn anders als in anderen Seinsformen und in anderen Welten können wir die Zeit hier nutzen, um durch gute Handlungen Verdienste anzusammeln, die uns eines Tages das Erreichen der Befreiung erleichtern werden. Ziel aller spirituellen Bemühung ist das *nirvana*, die Auflösung jeglichen *karmas*, was einer Befreiung aus dem Rad der Wiedergeburten (*samsara*) gleichkommt. Die klassischen indischen Begriffe für den Zustand, der mit dem Erreichen des Ziels identisch ist, sind *moksha* oder *mukti* (Befreiung), *bodhi* (Erleuchtung) und *nirvana* (Abklingen der Leidenschaft). Jedoch scheint für viele Hindus das *nirvana*, die vollständige Befreiung vom Leid und vom Zwang zur Wiedergeburt ein viel zu hohes Ziel. Oder sie empfinden nicht das starke Verlangen danach, welches aber Voraussetzung wäre, um dieses Ziel erreichen zu können. Alternativ probieren sie, durch gute Handlungen im jetzigen Leben einen göttlichen Status im nächsten Leben zu erreichen und im Götter-Himmel für lange Zeit ein schönes Leben zu führen. Sie erstreben also ein positives *karma*, um für sich selbst – oder für einen lieben Nächsten – eine günstige Wiedergeburt zu erreichen. Leidvoll genug, dass auch der göttliche Himmel den Tod und die Wiedergeburt auf der Erde kennt.

Solange die individuelle Seele nicht die Befreiung erreicht hat, muss sie von einer Existenz in die nächste übergehen, um sich dabei zu entwickeln. Aus dieser Sicht ist die Existenz als Mensch – verglichen mit der Existenz anderer Wesen – die höchste Stufe, denn sie ist die einzige, von der aus die Seele diesen immerwährenden Kreislauf von Geburt, Tod und Wiedergeburt durchbrechen und zum Bewusstsein ihrer Wahrheit als *atman-Brahman* gelangen kann. Diese Befreiung ist nicht unbedingt mit dem leiblichen Tod verbunden, manchmal heißt es aber auch, dass die vollständige Befreiung erst nach dem Tod erreicht werden kann. Bei den *lebenden* Befreiten ist die Seele erwacht, belebt aber noch für einige Zeit den Körper, den sie bewohnt.

Man geht von der Annahme aus, dass irgendwann bei jedem Menschen die Sehnsucht nach Erlösung im Bewusstsein auftaucht. Man hält sogar den Weg der Lust und des Genusses (*boga*) für geeignet, diesen Wunsch irgendwann auszulösen. Die menschliche Seele, das *Ich*, mit ihrem *karma* und ihren Wünschen ist in der hinduistischen Sichtweise von Reinkarnation der Faktor, der für Kontinuität und für den logischen Roten Faden zwischen den Existenzen sorgt. Dies weicht deutlich von der buddhistischen Sichtweise ab, wie wir noch sehen werden.

Was ist eigentlich Yoga?

Yoga kann als die mystische Wurzel des Hinduismus angesehen werden. Er umfasst in gewisser Weise die Ur- oder Rein-Form eines universellen spirituellen Wissens, ohne den Anspruch zu erheben, mit den Religionen zu konkurrieren. Yoga umfasst das Wissen um die Wahrheiten und die Kenntnis der spirituellen Techniken, die die Basis *aller* Religionen ausmachen. Ein Vorteil beim Yoga ist, dass das yogische Wissen *wissenschaftlich* ist, dass es mit Hypothesen und ihrer praktischen Überprüfung arbeitet, Überprüfung am eigenen Leibe und im eigenen Leben. So wird *Erfahrung* erworben und *Kenntnis*, im Gegensatz zu theoretisch-kognitivem Wissen. Dies erinnert stark an die Sichtweise der gnostischen Strömung im frühen Christentum. Yoga ist nicht einfach gleichzusetzen mit Religion, zumindest nicht, wie sie aus christlicher Sicht verstanden wird. Eigentlich ist Yoga relativ losgelöst von jeder konfessionellen Basis und lässt einen eher unabhängigen Charakter erkennen, obwohl Gott in den Sutren von Patanjali durchaus als Helfer erwähnt wird. Yoga beschäftigt sich auf wissenschaftliche Weise – theoretisch und praktisch – mit der Beziehung zwischen Mensch und Gott, mit den Möglichkeiten des Menschen, Gott zu erreichen, und mit den transformatorischen Prozessen, die dabei durchlaufen werden. Yoga bringt Religion und Wissenschaft zusammen. Die Trainingsmethoden des Yoga sind dazu gedacht und geeignet, neben den geborenen Mystikern auch solche heranzuziehen, die nach regelmäßiger Übung in der Lage sind, höchste Zustände zu realisieren (Staal).

Der Begriff *Yoga* hat mehrere Bedeutungen. Einerseits meint Yoga ganz allgemein den Vorgang, das menschliche Bewusstsein wieder mit seinem Ursprung zu verbinden. Es ist der Versuch, die spirituelle Natur und das Bewusstsein des Menschen von seinen körperlichen Banden zu befreien. Andererseits bezeichnet Yoga aber auch alle *willentlichen* spirituell-methodischen Bemühungen – von den Körperübungen bis zur Meditation. Daneben gibt es einen *nicht-willentlichen* Yoga-Weg, bei dem die vollständige Hingabe an Gott und das Einswerden mit ihm das ausdrückliche Ziel der Spiritualität ist. Denn aus yogischer Sicht ist es der Einsatz des Willens, der uns aus der Einheit mit dem Göttlichen absondert. Also ist es das Aufgehen des eigenen Willens im „Gottes Wille geschehe", was uns den direkten Rückweg ermöglicht.

Aus yogischer Sicht wird in der Befreiung das göttliche Selbst mit sich selbst wiedervereinigt, denn was als (scheinbar) zweigeteilt erfahren wurde, war und ist in Wirklichkeit *Eins*. Der Mensch ist Teil dieser Einheit Gottes, nur hatte er dies vergessen. Es gilt, diese (scheinbare) Trennung rückgängig zu machen, was am besten durch vollständige Hingabe gelingt, die wir aber nicht selbst machen können – im Sinne von „dass wir es selbst tun könnten". Ausgangsposition ist auch hier die Trennung von Gott mit der aus ihr folgenden Sehnsucht. Die Trennung verwandelt sich aber stets mehr zur Einheit, bis hin zum vollständigen Aufgehen des *Ich* in Gott. Was übrig bleibt, ist ein Werkzeug Gottes, ist Gott, der handelt. Es geht hier also nicht mehr um den Einsatz des eigenen Willens, sondern um die vollständige Hingabe an Gott. Der Yoga der Hingabe kann zusammen mit den willentlichen Methoden des Yoga als bestimmte Phasen ein und desselben Weges verstanden werden. Die vollständige Hingabe ist die Erfüllung aller anderen Yoga-Wege, alle willentlichen Yoga-Wege münden im Hingabe-Yoga. Andererseits wird der Yoga der Hingabe in den anderen Yoga-Wegen oft als wichtige Voraussetzung erwähnt, um überhaupt spirituelle Ziele erreichen zu können. Der Hingabe-Weg führt zur reinen Erkenntnis, zum reinen, befreiten Handeln, zu übernatürlichen Kräften – die aber nicht selbst erworben, sondern Geschenke Gottes sind.

Der Hingabe-Yoga kommt dem am nächsten, was auch von Verstorbenen im Nach-Tod erwartet wird: sich vollständig dem hinzugeben, was geschieht, und *alles* ohne Widerstand oder eigene Beeinflussung und Manipulation geschehen zu lassen. Das Bewusstsein (der Beobachter, das Subjekt) löst sich dann mehr und mehr vom Körper und von der vormals handelnden Persönlichkeit (Objekte). Erst wenn ich auf diese Weise zur Erkenntnis komme, wer *ich* wirklich bin, kann ich mich selbst und alles, was ich nicht bin, Gott hingeben. Einfach geschehen lassen – als wenn das so einfach wäre! Es ist nicht einfach, schon gar nicht für handlungsorientierte, willentliche Westler. Bei der Hingabe geht es darum, das eigene Wollen loszulassen, sich selbst und das eigene Leben vollständig Gott zu übergeben, den eigenen Willen dem Willen Gottes unterzuordnen und sich ihm zur Verfügung zu stellen, zu seinem Werkzeug zu werden. Dies ist eine Parallele und gleichzeitig ein Gegensatz zur christlichen Sichtweise. Eine Parallele ist es dann, wenn der Satz „Dein Wille geschehe" den Willen Gottes *in mir* und *mit mir* meint und auf Hingabe zielt. Ein Gegensatz ist es, wenn mit „Dein Wille geschehe" Regeln gemeint sind, wie sie z. B. in der Bibel festgelegt sind. Regeln zu folgen ist ein *willentlicher* Akt und sollte nicht mit Hingabe verwechselt werden.

Die praktischen und geistigen Übungen des Yoga waren in den Jahrhunderten vor unserer Zeitrechnung insgesamt weit verbreitet und zogen sich durch alle religiösen Strömungen Indiens, sie waren sozusagen Allgemeingut. Sie gehörten auch bei den meisten buddhistischen Schulen zur normalen spirituellen Praxis.

Der Buddhismus

Für manchen Leser vielleicht überraschend, aber durchaus in Übereinstimmung mit der wirklichen Bedeutung des Wortes haben wir im folgenden Abschnitt für die buddhistische Vorstellung vom Absoluten als einer *Leere* das christliche Wort *Gott* verwendet. Diese sprachliche Vereinfachung hilft uns, nicht jedesmal grundsätzlich erklären zu müssen, wie der Buddhismus das Absolute Eine versteht. Was mit der *Leere* oder dem *Nichts* gemeint ist und warum es – aus unserer Sicht – durchaus mit Gott vergleichbar ist, wird im Text deutlich werden. Buddhistische Leser werden sich hieran vielleicht stören, weil sie die *personale* Vorstellung, die in der christlichen Kultur mit dem Begriff „Gott" verbunden wird, ablehnen. Es wird im weiteren Verlauf des Buches sowieso deutlich werden, dass wir Autoren den Begriff *Gott* weiter fassen und – im durchaus buddhistischen Sinne – Gott als die universelle Einheit von allem verstehen. Dass wir uns trotzdem entschieden haben, die buddhistische Vorstellung von der *Leere* „Gott" zu nennen, hat den Grund, dass es uns so besser möglich erschien, jenseits von sprachlichen Barrieren die Parallelen zwischen den Religionen aufzuzeigen.

Wie auch andere Religionen, so hat der Buddhismus während seiner Entstehung und Ausbreitung essentielle Elemente der vorher bestehenden Religionen in sich aufgenommen. So kennt der Buddhismus ein ähnliches Zeitverständnis wie der Hinduismus. Innerhalb dieser nachlassenden Zeitqualitäten werden fünf verschiedene Buddhas erscheinen, um die wahre Lehre (*Dharma*) wieder herzustellen. Diese Buddhas werden immer kleiner, wie sich an ihren Fußabdrücken sehen lässt. Siddharta Gautama – oft als *der* Buddha bezeichnet – war der vierte in dieser Reihe, der nächste und letzte Buddha wird Maytrea sein.

Aus buddhistischer Sicht sind Hass, Unwissenheit und Begehren (unsere Wünsche) verantwortlich dafür, dass die Welt existiert und dass wir in diese Welt wiedergeboren werden. Der Hauptgrund, der wichtigste Faktor für das Bestehen der Welt ist der Lebensdurst, unser Verlangen nach Erfahrungen, unser Wunsch, uns *selbst* zu erfahren. Wegen dieses Verlangens nach Erfahrung kehren sogar die Dämonen immer wieder auf die Erde zurück. Nach der buddhistischen Lehre ist es eine Gnade, überhaupt als Mensch geboren zu werden. Denn nur in der Existenz als Mensch haben wir die seltene Gelegenheit, durch eigene Entscheidungen und durch willentliche Versuche Befreiung zu erreichen. Geburt und Tod sind auch hier nicht ein einmaliges Geschehen, sondern zwei Seiten einer Medaille, die sich fortwährend dreht, wie eine Drehtür. Mal schiebt sie uns ins Diesseits, mal ins Jenseits. Aus buddhistischer Sicht sterben wir sowieso jeden Moment ein wenig und werden wir in jedem Moment ein Stückchen neu geboren. Wir sind nicht statisch, sondern permanent in Veränderung. Wir sind niemals der- oder dieselbe, sondern immer anders und neu. Obwohl es heute (nach Theosophie und Anthroposophie) gerade der Buddhismus ist, über den die Reinkarnations-Idee nach Europa kommt, geht man im Buddhismus aber nicht von einem *konstanten* Faktor aus, der weiterlebt und sich fortsetzt. Es gibt diesen konstanten Faktor nicht, weil es überhaupt keinen konstanten Faktor gibt! Im Hinduismus wird das *Ich* (*atman*) als konstant angesehen, wohl wissend, dass auch dieses *Ich* Teil der Illusion (*maya*) und das eigentlich alles Gott ist. Im Buddhismus wird der Nachdruck noch mehr auf diese Illusion gelegt. Da ist *kein* fester Faktor (also *an-atman*), der von einem zum anderen Leben bestehen bleibt, der wie ein Roter Faden durch alle Existenzen eines Wesens laufen und diese Existenzen miteinander verbinden würde. Und doch reden gerade die Buddhisten von Reinkarnation! Was meinen sie damit?

Wie kommt es dazu, dass trotzdem über Reinkarnation und über mehrere Leben hier auf der Erde gesprochen wird? Was sich nach Ansicht der Buddhisten fortsetzt, ist nicht das *Ich* oder die *Seele* als konstanter Faktor. Was sich fortsetzt, ist das *karma*, sind die Spuren, die jemand dem Leben eingedrückt hat. Das nächste Wesen, das geboren wird, das sich inkarniert, erbt dieses *karma*. Mit meinen Handlungen drücke ich dem Leben Spuren ein und lege damit den *Samen*, den ein nächstes Wesen zur weiteren Reifung bringt. Es ist nicht *mein* „*Ich*", das als abgeschlossenes Etwas sein eigenes *karma* ausbaden muss. Erst wenn ich zu der spirituellen Erfahrung gelange, dass *Ich* das Bewusstsein *aller* Wesen bin, dann bin *Ich* es, der das *karma* – und zwar aller Wesen – trägt[33]. In der Religionsphilosophie des Buddhismus wird selbst dieses *Ich* als eine Illusion angesehen und dies wird deutlicher formuliert als im Hinduismus. Hier ist *nichts*. Nichts, das ewig und beständig wäre! Das buddhistische Verständnis vom Absoluten als einem *Nichts* oder einer *Leere* ist gerade für Christen, die an einen *personalen* Gott glauben, nur sehr schwer nachvollziehbar. Wenn in einer spirituellen Erfahrung oder im Tod die dualen Strukturen unseres Geistes in sich zusammenfallen und der Geist in seiner reinen, unbewegten, inhaltlos-*leeren* Form erfahren wird, dann wird dies die Erfahrung des *Nichts* oder der *Leere* genannt. Allerdings ist dies eine *gefüllte* Leere, gefüllt mit *Bewusstheit*. Gott ist bewusst, aber nicht von „Etwas" bewusst. Wenn wir versuchen, dies verstandesmäßig zu erfassen, so kommen wir hier an unsere Grenzen. Und für den Verstand ist es schwierig, wenn nicht sogar unmöglich zu akzeptieren, dass er Grenzen hat und dass es Dinge geben soll, die jenseits dieser Grenzen liegen: Was nicht sein *darf*, das nicht sein *kann*!

Für Buddha war die Welt nicht falsch oder prinzipiell schlecht. Das Problem ist, dass sie nicht funktioniert. Sie ist nicht die letztendliche Wahrheit, sie ist nicht *ultim* und vor allem gibt sie uns nicht das, was wir brauchen oder wollen: ewiges Glück. Wenn man die Regeln des *dharma* gut beachtet und ein gutes *karma* besitzt, dann kann man aber auch auf der Erde durch-

---

[33] Dies stimmt mit der christlichen Sichtweise überein, die besagt, dass Jesus die Schuld und das Leid der *ganzen Welt* auf sich nahm (siehe auch das Kapitel über die Schuldfrage).

aus glücklich sein[34]. Für Buddha war weltliches Glück jedoch niemals beständig. Denn das Böse und das Leiden verschwinden niemals ganz, sie bleiben latent anwesend. Das Böse kommt immer zurück, es sei denn, dass wir erleuchtet wären. Erlösung vom Bösen und vom Leiden ist nur erreichbar durch Erlösung aus der Existenz. Diese Erlösung kommt sozusagen von *selbst*, wenn man den Weg geht, den Buddha der Welt geschenkt hat. Wenn wir also insgesamt das Leiden hinter uns lassen wollen, dann müssen wir probieren, das *nirvana* zu erreichen. Es sind aber nur sehr wenige Menschen, die dieses hohe Ziel der Erlösung anstreben. Es gibt solche Menschen, aber sie sind relativ selten. Wie im Hinduismus benutzen die weitaus meisten Menschen den Weg, um ein gutes *karma* für die nächste Existenz aufzubauen. Sie haben die Befreiung, ihre Erlösung aufgeschoben.

---

[34] Über Buddha gibt es viele Legenden, die verdeutlichen, wie tugendhaft (*dharmisch*) er in seinen früheren Leben gelebt hat und warum er darum in seinem letzten Leben ein Recht auf Erleuchtung hatte. Einige dieser Geschichten sind sehr schöne Erzählungen darüber, wie Buddha ein asketisches Leben führte und alles weggab, auch seine Frau. Damit bereitete er seine Inkarnation als Gautama vor. Dies sind sehr alte Geschichten, die – buddhistisch uminterpretiert – dem normalen Menschen eine Anleitung zu tugendhaftem Verhalten geben. Wenn wir Menschen diese Tugenden perfektionieren würden, dann bekämen wir das Paradies auf Erden, würden Erleuchtung erreichen können und auch anderen bei ihrer Erleuchtung helfen können.

Das Tibetische Totenbuch

Dieses Kapitel gibt den Lesern, die das Tibetische Totenbuch noch nicht kennen, auf einem allgemeinen Niveau Informationen über Entstehung und Bedeutung dieses wichtigen Weisheitsbuches. Aus unserer Sicht gehört es zum Kulturerbe der Menschheit, denn es enthält grundlegende Informationen über unser Sein, die auch für andere Kulturen wichtig sind. Im letzten Abschnitt beschreiben wir, warum dieses Totenbuch aber eher ein Buch für die (noch) Lebenden ist[35].

Entstehung und Bedeutung

Genau wie das Ägyptische Totenbuch ist auch das Tibetische Totenbuch (*Bardo Thödol*) ein Leitfaden, der dazu dient, eine verstorbene Person durch die Erfahrungen des Nach-Tods zu begleiten. Das Original zu diesem Leitfaden entstand ungefähr 800 bis 850 Jahre v. Chr., möglicherweise noch früher. Es ist also älter als der Buddhismus! Das Material dazu wurde von tibetischen Eingeweihten (der Bön-Religion) auf Grund von eigenen Erfahrungen gesammelt. Sie gingen in hohe, meditative Zustände, verließen ihre Körper (wie es auch in anderen schamanistischen Religionen üblich ist), erforschten die jenseitige geistige Welt und kamen mit der Erinnerung daran zurück. Das Tibetische Totenbuch ist eine Synthese aus diesen Erfahrungen und ein Führer durch die geistige Welt des Nach-Tods. Das ursprüngliche Material zu diesem Buch stammt also aus der vor-buddhistischen Zeit, denn Buddha hat im 6. Jahrhundert v. Chr. gelebt und gelehrt[36]. Und die buddhistische Lehre kam erst 1200 Jahre später, im 7. Jahrhundert n. Chr. ins Hochland von Tibet. Sie vermischte sich dort mit der Bön-Religion, die als schamanistische Religion viel Raum für eigene spirituelle Erfahrungen bot. Es entstand der Tibetische Buddhismus mit seinen besonderen und liebenswerten Eigenheiten.

---

[35] Die nachfolgende kurze Darstellung ist eine Zusammenfassung des Vorworts von Lama Anagarika Govinda (das 1960 der englischen Ausgabe des Tibetischen Totenbuchs hinzugefügt wurde) sowie der Einleitung von B. van der Meer zur niederländischen Ausgabe des Tibetischen Totenbuchs.

[36] Wahrscheinlich 563 bis 483 v. Chr.

Die Prozesse, um die es im Tibetischen Totenbuch geht, waren den Menschen damals vertraut. Erst als das lebendige Wissen darüber nachließ, dass es nur *ein* Bewusstsein gibt, *ein* Bewusstsein im Leben und im Tod, erst als dieses Wissen zur Erinnerung verblasste, wurde es nötig, den Text in Schriftform abzufassen, zu konservieren, könnte man sagen. Texte wurden in allen alten Kulturen ausschließlich mündlich – meist in Versform – weitergegeben und erst, als die lebendige Erinnerung an die Realitäten, die darin beschrieben wurden, nachließ, das Wissen also bedroht war, wurden solche Texte schriftlich verfasst[37]. So wurde irgendwann auch die mündliche Überlieferung des *Bardo Thödol* in schriftliche Form gebracht.

Professor W. Y. Evans-Wentz, der 1927 die erste englische Übersetzung des *Bardo Thödol* herausgab, äußerte sich über Alter und Herkunft des Textes auf folgende Weise:

„Wie aller Unterricht, der zumindest seinen Keim in sehr alten Zeiten hat und sich dann in einem normalen Prozess, unter Vermischung mit verwandtem Material, entwickelt, so scheint es, dass das Bardo Thödol ursprünglich nicht schriftlich abgefasst war. Genau wie fast alle Heiligen Bücher, die in Pali, Sanskrit oder Tibetisch herausgegeben wurden, unterlag es einem langen Wachstumsprozess, der durch viele Jahrhunderte andauerte."

Was die Herkunft der Inhalte des *Bardo Thödol* betrifft, so gibt es unterschiedliche Meinungen. Die buddhistische Sichtweise besagt, dass die Inhalte original buddhistisch seien und dass dies nicht in Widerspruch stehe zu den vielen tibetischen, vor-buddhistischen Gottheiten, die im Buch vorkommen. Denn im Buddhismus sei es üblich, lokale Gottheiten anzuerkennen und als Beschützer einzubeziehen. Die andere Sichtweise, die vor allem durch westliche Religionswissenschaftler und Anthropologen vertreten wird, besagt, dass das *Bardo Thödol* viele Einflüsse aus der Bön-Religion enthalte, der vor-buddhistischen, tibetischen Religion[38]. Vermutungen über solche Einflüsse sind sicher richtig, weil sich Religionen in ihrer Begeg-

---

[37] Den vier offiziellen Evangelien des Neuen Testaments sowie den anderen (apokryphen) Evangelien, die nicht in den Kanon der Bibel aufgenommen wurden, und auch den Suren des Korans erging es ebenso.

[38] Nach Lama Govinda gab es in Tibet auch im 20. Jahrhundert noch Bön-Klöster, mit Orakeltempel und mit zum Teil strengen Regeln für den Zölibat und den Klosteralltag.

nung immer wechselseitig beeinflussen[39]. *Echte* Buddhisten bestreiten natürlich diesen Einfluss. Unter anderem mit dem Argument, dass Padma Sambhava, der spätere „Autor" des Tibetischen Totenbuchs, die schamanistische Bön-Religion bekämpft habe. Die Überlieferung berichtet, dass das Totenbuch eines der Werke von Padma Sambhava war. Als am Beginn des 9. Jahrhunderts n. Chr. eine Zeit schwerer Verfolgungen kam, wurden diese Werke erst aufgeschrieben und dann versteckt. Sie wurden verborgen, um für zukünftige Generationen bewahrt zu bleiben. Diese Schriften wurden später wieder entdeckt und als *Schätze* (*termas*) öffentlich zugänglich gemacht.

Die erste Übersetzung des *Bardo Thödol* ins Englische erfolgte durch Lama Kasi Dawa-Samdup, diese Übersetzung wurde 1927 von Prof. Evans-Wentz herausgegeben. Beide leisteten ihre Arbeit am Tibetischen Totenbuch in tiefer Bescheidenheit und Demut. Ihnen war bewusst, dass sie auf *heiligem Boden* standen, dass sie etwas Besonderes in Händen hielten, das über viele Generationen von Eingeweihten zu ihnen gelangt war. Es scheint, dass vor allem dies für den tiefen Eindruck sorgte, den das Totenbuch nach seinem Erscheinen in England hervorrief. Es verursachte in den englischsprachigen Ländern viel Aufsehen. Auch C. G. Jung hat sich damals mit dem Tibetischen Totenbuch beschäftigt und kam zu dem Urteil:

„Es (Bardo Thödol) gehört zu den Schriften, die durch ihre tiefe Menschlichkeit und ihre noch tiefere Einsicht in die menschliche Psyche besonders für den Laien geeignet sind, der danach strebt, seine Lebenseinsichten zu vertiefen. Ich bin sicher, dass jeder, der dieses Buch mit offenen Augen liest und es ohne Vorbehalte auf sich wirken lässt, großen Nutzen davon haben wird. Seit seinem Erscheinen ist das BT (Bardo Thödol) für mich ein ständiger Begleiter gewesen, dem ich nicht nur viele stimulierende Entdeckungen, sondern auch viele fundamentale Einsichten zu verdanken habe."

In einem Vorwort, das 1960 der englischen Ausgabe des „Tibetan Book of the Dead" hinzugefügt wurde, verweist Lama Govinda darauf, dass es

---

[39] Möglicherweise hat der Buddhismus hier eine ähnliche Entwicklung mitgemacht wie das junge Christentum in seiner Begegnung und Auseinandersetzung mit der hellenistischen Kultur des Mittelmeerraumes.

natürlich ein Unding sei, über Tod und Nach-Tod zu schreiben, wenn wir gleichzeitig annehmen, dass noch niemand vom Tod zurückgekehrt ist, der einen authentischen Bericht hätte liefern können. Die tibetischen Buddhisten unterstellen aber – ebenso wie die Hindus, dass jeder von uns schon viele Male gestorben ist, wiedergeboren wurde und in vielen verschiedenen Seinsformen viele Existenzen durchlebt hat, nicht nur als Mensch. Jeder verfügt deshalb über das Wissen um die Erfahrungen des Nach-Tods, nur ist dieses Wissen nicht im aktiven Wachbewusstsein präsent. Es ist im Unterbewussten verborgen und nur im Traum oder bei tiefer psychologischer oder spiritueller Arbeit zugänglich[40]. Manchmal bricht in schweren Lebenskrisen oder in Zeiten von Instabilität die trennende Schicht zum Unterbewussten auf, was meistens bedeutet, dass wir dann durch die Inhalte und die Intensität der auftauchenden Bilder und Erfahrungen vollständig überfordert sind. Von den westlichen Wissenschaftlern war es vor allem der Tiefenpsychologe C. G. Jung, der die Inhalte dieser tiefen Schichten systematisiert und ihren archetypischen Charakter entdeckt hat.

Befreiung durch Hören

Bardo Thödol bedeutet *Befreiung durch Hören im Zwischen-Zustand nach dem Tod.* Es bezieht sich auf die Erfahrungen, die ein Mensch nach der tibetischen Lehre in diesem Zwischen-Zustand des Nach-Tods durchläuft, bis er dann (wieder) in einen Mutterschoß einkehrt[41]. Mit Befreiung ist die Befreiung aus dem Rad der Wiedergeburten (*samsara*) gemeint.

---

[40] Der Zugang zu diesen tiefen Schichten sollte nur unter fachkundiger und kompetenter Leitung versucht werden. Diese Dinge sind kein Spaß!

[41] Diese Phase dauert nach dem Tibetischen Totenbuch 49 Tage. Van der Meer, der (die?) die Einleitung zur niederländischen Ausgabe des Tibetischen Totenbuchs geschrieben hat, verweist auf die Zahlen-Symbolik, die auch mit der jüdischen Kabbala und mit dem Neuen Testament übereinstimmt: Zwischen dem Auszug der Juden aus Ägypten und der Offenbarung Gottes auf dem Berg Sinai liegen 49 Tage, am 50. Tag erscheint Gott dem Moses. Zwischen den jüdischen Pesah-Fest mit seiner Todes-Symbolik und dem Laubhütten-Fest liegen 49 Tage. Der 50. Tag ist der Freudentag. Zwischen Ostern und Pfingsten liegen ebenfalls 49 Tage (7 Wochen), am 50. Tag erfolgte die Niederkunft des Heiligen Geistes. Im Tibetischen Totenbuch erfolgt die Einkehr in den Mutterschoß am 50. Tag. Diese Symbolik verweist gleichzeitig darauf, dass bei jeder Schwangerschaft und Geburt ein hoher Gast eintritt, das *Licht der Welt.* Für uns als Autoren sind diese zeitlichen Angaben keine konkreten Aussagen über eine mögliche Dauer der einzelnen Phasen des Nach-Tods, sondern sind eher *symbolisch* zu verstehen. In unserer Interpretation des Tibetischen Totenbuchs sind wir aus diesem Grunde nicht weiter hierauf eingegangen, sondern haben uns auf die Abfolge und die *Qualität* der einzelnen Phasen konzentriert.

Unser Selbst, unser Bewusstsein, ist frei und auf seinen freien Willen beruft sich das Tibetische Totenbuch. Das Vorlesen des Textes hilft dem Verstorbenen, sich seines freien Willens bewusst zu werden. Er wird immer wieder daran erinnert, gut zuzuhören und das Gesagte in sich aufzunehmen. Dies setzt natürlich voraus, dass diese Person bereits im Leben wirkliches Hören, Zuhören intensiv geübt hat. Und nur wenn der Verstorbene sich bereits im Leben durch spirituelle Schulung gestärkt und gereinigt hat, wird er in der Lage sein, der machtvollen Erfahrung des „Reinen Lichts" im Moment des Todes standhalten zu können und in dieses Licht eingehen zu können. Andernfalls wird er das Bewusstsein verlieren und ohnmächtig werden, vielleicht viele Tage lang, und so viele Chancen verpassen, Befreiung zu erlangen.

Das Tibetische Totenbuch beschreibt sehr genau die Erfahrungen im Nach-Tod, manchmal so genau und intensiv, dass es den Leser anrührt oder ihn schmerzt. Gleichzeitig aber wird permanent betont, dass alle Erfahrungen, Zustände und Erscheinungen nichts anderes sind als *Schöpfungen* des eigenen Geistes. Und vor denen brauchen wir keine Angst zu haben, so furchterregend sie manchmal auch sind. Menschen, die den *illusorischen* Charakter von Tod – aber auch von Leben – durchschauen, verlieren die Angst vor dem Tod. Vergänglichkeit und Sterben verlieren dann ihren Schrecken. Der Tod konnte nur deshalb Macht über uns haben und uns ängstigen, weil unser *Selbst*, dass spirituelle Wesen, das wir eigentlich sind, sich mit einer vergänglichen Form identifiziert hatte. Aus dieser Identifikation heraus entstand der Irrglaube, es gäbe ein *Ich*. Das Ich ist ein Produkt dieser Identifikation und damit künstlich, nicht wirklich *wahr*. Wenn wir aber denken, dass wir ein *Ich* haben oder sind, dann haben wir im nächsten Moment Angst, es zu verlieren. Identifizieren wir uns dagegen mit unserer inneren, ewigen Wahrheit, mit dem unvergänglichen Licht der Buddhaschaft in uns selbst, wovor sollten wir dann noch Angst haben? Jemand, der in der realen *Erfahrung* dieser Wahrheit lebt, weiß, dass alles andere – Leben und Tod – Spiegelungen seines eigenen bewussten oder unterbewussten Geistes sind. Er erkennt den Ursprung der „Betrügereien" des Geistes und sie verlieren ihre Macht über ihn. Und so ist er befreit vom Zwang, wiedergeboren zu werden.

Ein Buch für Lebende

Ursprünglich war das Totenbuch eher für die Lebenden als für die Verstorbenen gedacht. Auch wenn später der Volksbrauch es anders handhabte, dieser Leitfaden hat eigentlich nur Nutzen für diejenigen, die diesem Studium der *Bardos* bereits im Leben viel Aufmerksamkeit geschenkt haben und die versucht haben, den darin enthaltenen Lehren praktisch zu folgen. Es ist nach Lama Govinda ein Missverständnis, zu denken, dass dieser Leitfaden nur ein kurzer Nachhilfeunterricht für Verstorbene sei, um ihnen Befreiung zu ermöglichen. Das Totenbuch hat ganz klar auch eine Funktion für die Hinterbliebenen und für die Noch-Lebenden. Es hilft uns, die richtige Haltung im Umgang mit Tod und Sterben zu entwickeln. Die Hilfe für den Verstorbenen kommt an zweiter Stelle, denn entsprechend dem buddhistischen Glauben kann man sowieso niemanden von seinem *karmischen* Weg abbringen. Um also im eigenen Nach-Tod einen hohen Nutzen aus dem Totenbuch ziehen zu können, ist es erforderlich, sich bereits während des Lebens mit den Inhalten und Sichtweisen vertraut zu machen und sich geistig auf die entsprechenden Erfahrungen vorzubereiten. Erst dann kann man später – im Augenblick des eigenen Todes – in der richtigen Weise reagieren und die Hilfe annehmen, die das Vor-Lesen des Textes bietet. Das Tibetische Totenbuch will uns nicht nur zum Nachdenken bringen, sondern will uns vor allem ermutigen, seine Botschaft auf unser normales Leben zu übertragen. Erst wenn wir im normalen Leben bereit sind zu „sterben", Dinge, andere Menschen und uns selbst mit unseren festen Standpunkten und fixen Ideen hinter uns zu lassen, dann sind wir bereit zur Erneuerung. Vergänglichkeit ist nichts anderes als der permanente Tod mitten im Leben. Unsere Angst vor dem Tod ist vor allem eine Sache der Unwissenheit, des Versuchs, den Tod nicht zur Kenntnis nehmen zu wollen[42]. Es gilt aber hinzuschauen, statt auszublenden.

---

[42] Van der Meer

Der Tod und der Nach-Tod

Der menschliche Geist und seine Bedeutung für den Nach-Tod

Dieses Kapitel über den menschlichen Geist ist – intellektuell gesehen – wahrscheinlich das schwierigste Kapitel dieses Buches. Erstens, weil für manche Leser zunächst noch unklar sein wird, was eigentlich der Geist ist, zweitens weil der Geist noch wenig erforscht ist. Und schon gar nicht erforscht ist – hier im Westen – seine Bedeutung für den Nach-Tod. Diese Tatsache hat unser Buch nötig gemacht. Die nachfolgende Beschreibung des Geistes geschieht auf yogischem Hintergrund. Die Darstellung seiner grundlegenden Aspekte ist wesentlich, um an späterer Stelle die Phasen des Nach-Tods verstehen zu können, einschließlich der Tatsache, dass der Geist an der *Schöpfung* beteiligt ist. Dieser spezielle Aspekt wird eines Tages ein weiteres Buch wert sein. Hier an dieser Stelle reicht eine komprimierte Darstellung dieser Zusammenhänge.

Das Wort *Geist* hat mehrere Bedeutungen und damit eigentlich keine klare Bedeutung. Die Spannbreite reicht von geistigen Getränken, geistigen und geistlichen Menschen, von etwas begeistert sein, über geistige Beschäftigung, den Geist aufgeben und der Unterscheidung der Geister bis zum Heiligen Geist.

Aus yogischer Sicht ist Gott Geist und ist Gott in seiner unmanifestierten Form ungeformter Geist. Dieser ungeformte Geist wird im Augenblick des Todes erfahren. Er ist *leer*, etwa zu vergleichen mit Ton, bevor diesem durch die Hand des Töpfers eine Form verliehen wird. Der leere Geist kann als Gott, als das Absolute oder als die Buddhanatur bezeichnet werden. Wird dieser leere Geist durch die Verneinung unserer eigenen Göttlichkeit und der Göttlichkeit anderer verformt, dann entsteht (aber nur *scheinbar*!) ein Universum, es entstehen materielle Wesen und es entsteht der individuelle

Geist, die Persönlichkeit. Nach dem Augenblick des Todes, in dem wir den leeren, ungeformten Geist erfahren, haben wir es in allen weiteren Phasen des Nach-Tods nur noch mit dem sich neu- und verformenden Geist zu tun, den wir in seiner *universellen* Dimension *Schöpfung*, in seiner *kollektiven* archetypischen Dimension *Person* nennen, während wir den geformten *individuellen* Geist als *Persönlichkeit* bezeichnen. Dies wird im Folgenden näher erläutert werden.

Alle Menschen teilen die Erfahrungen des *universellen* Geistes. Wir erfahren gemeinsam eine materielle Welt mit Planeten, Menschen, Tieren, Pflanzen und allen anderen Dingen, die sich im materiellen Universum befinden. Wir alle teilen auch die Erfahrung von Raum und Zeit. Die grundlegenden Einstellungen des *universellen* Geistes zeichnen sich durch Oppositionen aus, zum Beispiel Berg und Tal, Regen und Sonne, Zeit und Nicht-Zeit usw. Die „Person" ist ein Zwischenstadium zwischen *universellem* und *individuellem* Geist. Die „Person" ist der allen Menschen gemeinsame *kollektive* Geist. Da sich in diesem Stadium die *individuelle* Persönlichkeit noch nicht gebildet hat, erfahren Menschen durch die Grundstrukturen des *kollektiven* Geistes den *universellen* Geist, die Schöpfung, alle auf dieselbe Weise.

Mit dem *individuellen* Geist, also mit *Persönlichkeit*, bezeichnen wir einen feinstofflichen Speicher, der alle Einstellungen und Erinnerungen enthält und in dem verstandesmäßige Prozesse ablaufen – unser Denken. Das Gehirn des Körpers ist aus dieser Sicht ein Zwischenglied, das die Impulse des *individuellen* Geistes auf die körperliche Ebene übersetzt. Oberflächlich betrachtet zeigen sich die Aktivitäten des *individuellen* Geistes durch die Gedanken und inneren Bilder, die uns fortwährend begleiten. Erst durch den *individuellen* Geist, durch unsere Persönlichkeit, die aus unzähligen Einstellungen besteht, machen wir sehr unterschiedliche Erfahrungen. Zum Beispiel vergeht für einige Menschen die Zeit unglaublich schnell, für andere wiederum vergeht sie quälend langsam, die einen erfahren das Leben hell und positiv, andere dunkel und negativ. Die Einstellungen des *universellen* Geistes widersprechen sich, sind aber nicht bewertend und schließen einander nicht aus, wie zum Beispiel heiß und kalt. Die Einstellungen des *individuellen* Geistes dagegen sind eher bewertend und schließen deshalb einander aus, wie zum Beispiel gut und schlecht. Diese Einstellungen existieren alle als Oppositionspaare. Betrachten wir die Welt durch die Einstellung *gut*, dann werden wir viele Erfahrungen machen, die diesen Standpunkt bestätigen. Diese Erfahrungen werden im *individuellen* Geist als Erinnerungen gespeichert, verbunden mit der Einstellung *gut*. Machen wir Erfahrungen, die eher den Standpunkt *schlecht* betreffen, dann werden diese als Erinnerungen mit der Einstellung *schlecht* verknüpft. Je nachdem, mit welcher Einstellung wir identifiziert sind, haben wir Zugang zu den entsprechenden Erinnerungen, die dann ihrerseits den jeweiligen Standpunkt bestärken.

Ein weiterer wichtiger Bestandteil des *individuellen* Geistes ist Schuld. Wenn wir uns mit einer Einstellung identifizieren, zum Beispiel „Ich bin fleißig", dann kann es passieren, dass wir Handlungen ausführen, die mit dieser Einstellung in Konflikt geraten. In Bezug auf *Fleiß* zum Beispiel würden wir uns schuldig fühlen, wenn wir nicht genug arbeiten. Das Spannungsfeld zwischen der grundlegenden Einstellung und dem tatsächlichen Handeln erfahren wir als Schuld. Weil es immer wieder geschieht, dass wir unseren eigenen Einstellungen entgegen handeln, ist jede Einstellung auch mit Schuld verknüpft (siehe hierzu auch das nächste Kapitel). Für das Thema Nach-Tod sind diese drei grundlegenden Aspekte des *individuellen* Geistes von Bedeutung: Einstellungen, Erinnerungen und Schuld.

Im Augenblick des Todes, also zum Zeitpunkt, an dem der Körper seine Funktion einstellt, geschieht ein Loslassen, eine De-identifizierung von *allen* Einstellungen des *universellen*, des *kollektiven* und auch des *individuellen* Geistes. Wenn das geschieht, dann neutralisieren sich alle Oppositionspaare. Der Geist verliert alle Verformungen und wird völlig ruhig. In diesem Augenblick erlischt alles, die Persönlichkeit, die Person und die Schöpfung. Was bleibt, ist der ungeformte Geist – Gott, die Leere, das Absolute.

Erst im Nach-Tod beginnt der Geist sich wieder zu verformen. Zuerst bildet sich die Einstellung *Ich bin* – die Seele oder das bewusste Wesen. Sobald wir uns mit der Einstellung *Ich bin* identifizieren, ist die Grundlage für alle weiteren Verformungen des Geistes geschaffen. Ab jetzt ist es unser höchstes Bestreben, zu sein und zu bleiben und dieses *Ich* nicht mehr zu verlieren. Aus der Einstellung *Ich bin* erwächst eine Furcht, die uns daran hindert, uns für Erfahrungen zu öffnen, die wieder zum ungeformten Geist führen könnten. Deshalb verneinen wir die dann folgenden Wahrheitserfahrungen und es entsteht schrittweise der *universelle* Geist: Energie, Materie,

Masse, Raum und Zeit. Diese zentralen Einstellungen teilen alle Menschen, weil alle Seelen sich mit diesen Haltungen identifizieren. So erschafft der *universelle* Geist nicht nur die Idee eines materiellen Universums, er erzeugt auch die Idee, wir selbst seien materielle Wesen.

Die Einstellungen des späteren, *individuellen* Geistes existieren auf der Zwischenstufe des *kollektiven* Geistes (der Person) noch im unverformten Zustand, das heißt, sie sind einander gleichwertig und werden nicht bewertet. Durch die Einstellungen des *kollektiven* Geistes (der Person) betrachten und erfahren wir den *universellen* Geist (die Schöpfung) zunächst auf eine positive, danach auf eine negative Weise. Dieser Prozess ist für alle Menschen gleich, darum sprechen wir von *kollektiv*. Wenn wir zu dieser Zeit im Gleichgewicht bleiben würden und uns mit keiner dieser Betrachtungsweisen innerlich verbinden würden, dann könnten wir Befreiung erlangen. Dazu aber müssten wir *gleich-mütig* bleiben: Es ist, wie es ist! Erst in einem nächsten Schritt bevorzugen wir eine bestimmte Betrachtungsweise. Wenn wir eine dieser Betrachtungsweisen bevorzugen oder ablehnen, dann entsteht eine Verformung im *kollektiven* Geist und es formen sich *individuelle* Persönlichkeitsstrukturen. Auf diese Weise entstehen durch die schrittweise Verformung des ursprünglich ungeformten Geistes eine materielle Welt, die verschiedenen Wesen und Menschen mit unterschiedlichen Persönlichkeitsstrukturen. Tatsächlich aber sind dies nichts weiter als Verformungen des einen, ursprünglichen Geistes, der jedoch weiterhin mit seiner wahren Natur alle Erscheinungen durchdringt. Die Grund-Einstellungen Energie, Materie, Masse, Raum und Zeit haben nicht nur materielle Qualitäten, sie haben auch Entsprechungen auf der *individuellen*, psychischen Ebene. So ist zum Beispiel *Materie* eine Erfahrung, in der kein Gegenüber existiert, alles ist eben Materie. Sind wir mit Materie identifiziert, dann wäre die psychische Entsprechung die Unfähigkeit, andere tatsächlich wahrzunehmen. Wir drehen uns dann nur um uns selbst. So hat der *universelle* Geist nicht nur eine materielle, grobstoffliche Seite, er besitzt auch auf der individuellen Ebene eine feinstoffliche, psychische Entsprechung.

Im Tod und Nach-Tod entfalten sich diese Prozesse des eigenen Geistes und wir hätten eigentlich jederzeit die Möglichkeit, die *illusionäre* Natur dieser Geschehnisse zu durchschauen und den Zustand des ungeformten Geistes wiederzuerlangen. Tod und Nach-Tod sind, so betrachtet, nicht das Ende des Lebens, sondern wir haben einen Zyklus geschlossen, um in einen neuen Zyklus einzutreten. Bevor das aber geschieht, erwachen wir im Moment des Todes aus der *Illusion* einer materiellen Existenz und erfahren die *wahre* Natur unseres Seins – den *ungeformten* Geist (Gott). Das Problem ist, dass wir bis zu diesem Moment aber der festen Überzeugung waren, ein materielles Wesen zu sein. So ist das Erkennen unserer eigenen göttlichen Natur eine so überwältigende Erfahrung, dass wir sie ohne Vorbereitung nicht verkraften können und bewusstlos werden. Der Tod ist das Erwachen aus einem tiefen Traum und das Erkennen unseres wahren Seins. Dieses ewige Leben ist aber kein materielles Leben, sondern ist zeitlose, göttliche Allgegenwart. Diese Göttlichkeit ist die Quelle des Traums, der Ursprung der Schöpfung. Das Erwachen im Tode ist, als würde das Göttliche aus einem Traum erwachen und vor der eigenen Größe erschrecken. Deshalb erschafft es Filter, die die Erfahrung abmildern, um sie besser ertragen zu können: Das Göttliche erschafft Materie, Raum und Zeit. Jetzt ist es zwar besser in der Lage, sich selbst zu erfahren, versinkt aber wieder zurück in die Unwirklichkeit, in den Traum. Durch den Schock, den die Erkenntnis der eigenen Göttlichkeit verursacht, entsteht ein spontaner Impuls, der schrittweise wieder die Illusion eines materiellen, begrenzten Lebens erschafft. Wir sinken wieder in den alten Traum zurück – und nennen dies *Schöpfung*.

Eine Begleitung im Nach-Tod ist also letztendlich keine Todes-Begleitung, sondern eine Anleitung zum ewigen Leben. Die Existenz der göttlichen Natur eines jeden Menschen – der Buddhanatur oder des Christus (in uns) ist keine Idee, sondern eine lebendige *Wahrheit*, die jeder Mensch im Augenblick des Todes erfahren kann. Wenn im Augenblick des Todes aber nicht alles endet, sondern alles beginnt, dann ist es sehr wichtig, sich bereits vorher auf die Möglichkeit dieser Erfahrung vorzubereiten. In der Zeit des Nach-Tods ist die Möglichkeit, zu unserer *wahren* Natur zu erwachen, sehr viel größer als in den Wirren des menschlichen Lebens. Das Tibetische Totenbuch wurde verfasst, um Verstorbenen im Nach-Tod eine Begleitung zu geben und ihnen zu helfen, spirituell zu erwachen oder – wenn das nicht gelingt – ein möglichst positives neues Leben zu wählen. Es versucht, die Aufmerksamkeit des Verstorbenen auf diesen Prozess zu lenken, so dass er in der Lage ist, in seiner *wahren* Natur zu verweilen, das heißt, in das ewige Leben einzugehen.

Dieses Bemühen, „nicht wiedergeboren" zu werden, erscheint dem westlich-materiellen Denken fremd und lebensverneinend. Das ist richtig! Denn dieses Bemühen richtet sich nicht auf das *normale* Leben, sondern auf das *ewige Leben*. Nur ist dieses ewige Leben kein Leben in einem materiellen Körper, sondern die Verwirklichung unserer eigenen *wahren* Natur und der *wahren Natur des Geistes*. Spirituelle Sucher haben im Laufe der Jahrtausende immer wieder die Erfahrung ihrer eigenen göttlichen Natur gemacht. Tritt diese Erfahrung ein, dann steht sie in völligem Widerspruch zu allen bisherigen Ideen über *Wirklichkeit*.

Es besteht natürlich die Möglichkeit, dass dies alles nur großartige Ideen sind und letztendlich doch mit dem Tod alles endet. Falls aber alles endet, dann können wir keinen großen Fehler machen, wenn wir uns auf den eigenen Nach-Tod vorbereiten und einem Verstorbenen ein Totenbuch vorlesen. Denn der Verstorbene ist tot und wird sich nicht an unseren Ritualen stören. Aber was ist, wenn *nicht* alles mit dem Tod endet? Sollte der Verstorbene doch noch Bewusstsein haben und unsere Hilfe benötigen, dann können wir ihn in dieser überwältigenden Erfahrung begleiten und unterstützen. Deshalb ist es besser, einen Verstorbenen im Nach-Tod anzuleiten und ihm vielleicht auf diese Weise zu helfen, in das ewige Leben einzugehen oder ein neues Leben zu wählen, das nicht allzu leidvoll verläuft.

Die lästige „Schuld"-Frage

War das Kapitel über den *Geist* vielleicht intellektuell schwierig, so wird das Kapitel über *Schuld* im Zusammenhang mit Tod und spirituellem Wachstum eher gefühlsmäßig schwer zu akzeptieren sein. Wer wird schon gern an seine Schuld erinnert? In diesem Kapitel werden wir verdeutlichen, warum Schuld ein Problem ist und warum Schuld den weiteren spirituellen Fortschritt behindert. Wir werden *unser* Verständnis von Schuld erläutern, das vielleicht in der Wortwahl von den Ausführungen der Religionen abweicht, aber doch auf die *Essenz* dieser Lehren zielt. Es wird dabei hauptsächlich um die eigenen ethischen Maßstäbe gehen, nicht um die von außen übernommenen oder anerzogenen.

Das zentrale Problem im Nach-Tod ist die Konfrontation mit starken Schuldgefühlen. Diese entstehen durch die Diskrepanz zwischen den Erfahrungen von *Wahrheit*, die wir im Nach-Tod machen, und unseren Handlungen im vergangenen Leben. Schuldgefühle entstehen immer dann, wenn unsere Handlungen von unseren eigenen inneren Maßstäben abweichen. Die Stärke eines Schuldgefühls entspricht der Größe dieser Abweichung. Bevor wir uns aber diesen spirituellen Höhen zuwenden, sollten wir uns erst einmal den Unterschied zwischen anerzogenen (psychologischen) und eigenen (spirituellen) Schuldgefühlen bewusstmachen. Der Übergang zwischen diesen beiden Arten von Schuldgefühlen ist sicher fließend. Anerzogene Schuldgefühle haben wir, weil man uns beigebracht hat, für welche Dinge man sich schuldig fühlen sollte. Dies variiert natürlich je nach Kulturkreis, Religionszugehörigkeit, ethischem Niveau oder Bildungsstand. Mit *eigenen* Schuldgefühlen meinen wir die Regungen unseres Gewissens, das tief in uns sitzt und unabhängig von jedem äußeren Einfluss *weiß*, was es tun oder nicht tun sollte. Die Schuld, die sich auf diesem tiefen Niveau ansammelt, ist eine *spirituelle* Schuld, und sie wird uns in unserem weiteren Wachstum behindern. Denn wenn wir unsere Fähigkeiten *gegen* andere verwenden, dann wird der gute Kern in uns nicht zulassen, dass wir weiter wachsen.

Im Alltagsleben achten wir alle sehr darauf, dass unsere Schuldgefühle nie zu stark werden. Das tun wir, indem wir unsere Handlungen rechtfertigen, falls sie von unseren eigenen Maßstäben abweichen: „Er hat verdient, dass ich ihn geschlagen habe" oder „Wenn ich es nicht getan hätte, dann hätte es ein anderer getan", usw. Gemeinsam ist diesen Rechtfertigungen, dass wir selbst gut da stehen, während andere schlechter erscheinen, als sie in Wirklichkeit sind. Wenn andere so schlecht sind, dann ist mein Handeln ja wohl in Ordnung? Auf diese Weise reduzieren wir nicht nur andere, sondern scheinbar auch unsere Schuldgefühle. Allerdings nur scheinbar, weil wir ja gar keine Rechtfertigung bräuchten, wenn keine Schuldgefühle da wären[43]. Auf diesem normalen Niveau sind Schuldgefühle von Mensch zu Mensch sehr unterschiedlich. Eine Handlung, die für den einen Menschen falsch ist, kann für einen anderen völlig in Ordnung sein. Das geschieht, weil Schuldgefühle (auf diesem Niveau!) aufs Engste mit den Strukturen der *individuellen* Persönlichkeit verknüpft sind. Menschen, die weniger genau sind, haben es in dieser Hinsicht wesentlich einfacher als Menschen, die ihr eigenes Tun und Nicht-Tun auf die Goldwaage ihres *Gewissens* legen.

Vollkommen losgelöst von diesem normalen Niveau, das zur Rechtfertigung verleitet, sammeln sich Schuldgefühle aber auch auf einem viel tieferen, unbewussten Niveau an. Dieses tiefere, *spirituelle* Niveau ist für alle Menschen gleich und kann im Nach-Tod zum Problem werden. Denn im Nach-Tod kommt es nicht nur zu einer Trennung vom Körper, sondern – durch die Wahrheitserfahrungen – auch zu einem Loslassen unserer bisherigen Persönlichkeit (De-identifizierung). Wenn wir das Leben und andere Menschen aber *ohne* die Filter der Persönlichkeit erfahren, so fallen alle Unterscheidungen, Bewertungen und eben auch Rechtfertigungen weg. Wir erleben eine Situation von Verbundenheit und von völliger Gleichheit. Dies ist der Maßstab, an dem wir im Moment der Wahrheitserfahrung unsere Handlungen messen. Jede Handlung, die diese tiefe Verbundenheit verletzt hat, wird dann als großer Fehler und als Schuld empfunden. Sogar die alten

---

[43] Leben bedeutet in Beziehung zu sein. Unsere Persönlichkeit ist die Art und Weise, wie wir mit anderen in Beziehung sind. Wenn wir etwas tun, was wir an uns selbst nicht akzeptieren, dann gehen wir davon aus, dass diese Handlung auch von anderen nicht akzeptiert wird. Wir haben Angst davor, dass sie sich deshalb von uns zurückziehen und weniger mit uns in Beziehung sind. Deshalb rechtfertigen wir unser Verhalten, um auf diese Weise den Zustand unserer Beziehung zu anderen nicht zu verschlechtern. In Wahrheit verletzen wir aber auf diese Weise unsere Beziehung zu ihnen, weil unsere Rechtfertigungen letztlich auf der Reduzierung anderer beruhen. Wir *selbst* ziehen uns von ihnen zurück.

Rechtfertigungen werden zu Schuld! Es entsteht ein riesiges Spannungsfeld, das sich nicht länger durch die Reduzierung anderer abmildern lässt. Wir werden mit übermächtigen, unerträglichen Schuldgefühlen konfrontiert, denen wir zu entrinnen versuchen, indem wir sie einfach ausblenden: Wir fallen in Bewusstlosigkeit. Die Zeit des Nach-Tods bietet aber mit jeder Phase immer wieder eine neue Möglichkeit, sich der Schuld zu stellen, sie anzunehmen und Befreiung zu erlangen. Unter diesem Blickwinkel betrachtet ist die Zeit des Nach-Tods eine ungeheure Chance, auf die wir uns bereits während unseres Lebens vorbereiten sollten. Die sinnvollste Vorbereitung auf das eigene Sterben ist demzufolge die Reinigung der Schuldgefühle. Um Schuld aufzulösen, müssen wir bereit sein, sie zu erfahren. Anstatt sie durch Rechtfertigungen abzumildern oder zu verdrängen, sollten wir versuchen, diese Schuld zu *fühlen*. Denn durch Scham und Reue löst sie sich auf! Auch sollten wir untersuchen, aus welchen inneren Maßstäben heraus diese Schuld erwächst. Dadurch wird es uns möglich unsere *eigenen* inneren Werte zu entdecken und unser Leben in Einklang damit zu gestalten. Das aber heißt, unser Verhalten zu verbessern, statt andere zu reduzieren. Im Leben und im Tod, immer ist unser Fortschritt davon abhängig, ob wir in der Lage sind, diese höchsten Maßstäbe anzuerkennen und die Schuld, die daraus erwächst, anzunehmen. Das ist nicht leicht, da Schuld, Scham und Reue äußerst unangenehme Gefühle sind und vom Ego kaum zu ertragen sind. Wenn es uns aber im Leben gelingt, andere gut zu behandeln oder dies zumindest unsere zentrale Absicht ist, dann werden wir im Nach-Tod nicht in Bewusstlosigkeit fallen (die eine direkte Folge zu großer Schuld ist), sondern wir werden die Wahrheitserfahrungen bewusst erleben können und damit die Chance haben, in diese *Wahrheit* einzugehen. Schuld ist das wichtigste Hindernis zwischen uns und anderen, zwischen uns und Gott. Unsere Liebe ist unter einer trennenden Schicht aus Schuld verborgen. Unterdrücken wir unsere Schuld, so unterdrücken und verhindern wir auch die Liebe. Gemeint ist hier die *wahre* Liebe, die bedingungslose Absicht, in Beziehung zu sein. Anderen und auch sich selbst zu vergeben, wirklich zu vergeben, ist – so gesehen – eine hohe spirituelle Fähigkeit, denn sie bringt unsere Gleichheit und damit die Liebe wieder ins Spiel.

In den Erfahrungen des Nach-Tods werden wir mit unseren höchsten inneren Maßstäben konfrontiert. Wenn es uns gelingt, die entstehenden Schuldgefühle anzunehmen, dann werden wir uns dieser Maßstäbe bewusst und können sie annehmen – und damit auch den göttlichen Kern unseres Wesens. So werden wir zu dem, was wir eigentlich bereits *sind*[44].

---

[44] Der gesamte Schöpfungsakt im Nach-Tod (siehe das folgende Kapitel) ist ein Resultat der Leugnung oder Reduzierung der Göttlichkeit anderer. Die höchste Form der Verantwortlichkeit ist es, die Existenz und den Zustand der Schöpfung als von uns selbst verursacht zu erkennen und anzunehmen. Das ist das große Selbstopfer, das im Christentum durch den Kreuztod von Jesus symbolisiert wird. Sicherlich sind nur sehr wenige Menschen dazu in der Lage, diesen großen Schritt zu vollziehen.

Der Nach-Tod und seine Phasen

Der (Sprech-)Text des westlichen Totenbuchs (siehe nächstes Kapitel) basiert auf dem Tibetischen Totenbuch. Hier in diesem Kapitel wollen wir zunächst die speziellen Erfahrungen im Tod und im Nach-Tod systematisch und schematisch darstellen. Dies dient dem besseren Verständnis des Lesers oder Vor-Lesers, der möglicherweise einem Verstorbenen das Totenbuch (den Sprechtext) vorlesen will. Wir haben versucht, die tibetische Beschreibung dieser Erfahrungen, so gut es geht, in den westlichen Sprachgebrauch zu übersetzen. Hilfreich dafür war die Bearbeitung des Tibetischen Totenbuches durch den amerikanischen Kommunikationswissenschaftler Charles Berner in den 60er Jahren und seine Überarbeitung auf der Grundlage yogischen Wissens in den 70er Jahren.[45] Anfangs wollten wir nur unsere deutsche Übersetzung (seiner englischen Version) erneut überarbeiten. Zwischenzeitlich war aber unser eigenes Verständnis so weit angewachsen, dass es mit einer einfachen Überarbeitung nicht getan war. So haben wir den kompletten Text völlig überarbeitet und die Bearbeitung von Charles Berner in entscheidenden Punkten maßgeblich erweitert. Besonders unsere Beschreibung der ersten 6 Erfahrungen des Nach-Tods weichen grundlegend von jeder *bisherigen* Bearbeitung des Tibetischen Totenbuches ab. Diesen Phasen wird auch im Tibetischen Totenbuch selbst besondere Aufmerksamkeit geschenkt, weil vor allem in ihnen jederzeit Befreiung möglich ist.

Das Tibetische Totenbuch birgt unzählige Informationen und Details zu den Erfahrungen des Nach-Tods, die wir zur besseren Verständlichkeit aber nicht alle berücksichtigt haben. Wir empfehlen deshalb allen ernsthaft Interessierten, auch das Original zu studieren. Es ist eines der großen Weisheitsbücher der Menschheit, und wir haben versucht, es mit unseren begrenzten Fähigkeiten zu verstehen und seine Grundaussagen in ein westliches Verständnis zu übertragen. Vom grundsätzlichen Aufbau

---

[45] Beide Texte sind nicht veröffentlicht und erscheinen deshalb nicht in der Literaturliste. Sie sind aber im Archiv des Holistic Yoga Zentrums in München zu finden und können dort bezogen werden.

her sind wir natürlich dem Tibetischen Totenbuch gefolgt, birgt doch gerade dieser Aufbau den Schlüssel zum Verständnis der Abläufe im Tod und im Nach-Tod[46].

Da wir im Nach-Tod zeitweise nicht mehr an einen materiellen Körper und auch nicht an eine bestimmte Persönlichkeit gebunden sind, ist es zu dieser Zeit sehr viel leichter, Befreiung zu erlangen, als zu Lebzeiten. Die wenigsten Menschen aber haben sich zu Lebzeiten mit der Frage nach ihrer *wahren* Natur auseinandergesetzt, geschweige denn, dass sie diese Wahrheit verwirklicht hätten. Deshalb stehen sie den machtvollen Erfahrungen, mit denen sie im Tod und im Nach-Tod konfrontiert werden, völlig hilflos gegenüber. Sie werden von ihnen überwältigt und versäumen so die Gelegenheit, zur Wahrheit vorzudringen oder zumindest positiven Einfluss auf die Geschehnisse zu nehmen. Mit dem späteren Vorlese-Text für die Begleitung durch Tod und Nach-Tod (siehe nächstes Kapitel) wollen wir den Verstorbenen Hilfe und Unterstützung in diesen schwierigen Phasen geben.

Wenn Menschen sich mit der Idee eines Lebens nach dem Tod auseinandersetzen, dann gehen sie normalerweise davon aus, dass eine unsterbliche Seele existiert, die zum Zeitpunkt des Todes den Körper verlässt und dann nach dem Tod mit Phänomenen wie Himmel, Fegefeuer, Hölle, Strafgericht usw. konfrontiert wird. Diese Vorstellungen sind für die meisten Menschen gerade noch akzeptabel. Sich aber vorzustellen, dass sie in ihrer eigenen *wahren* Natur selbst Gott sein könnten, ist für viele Menschen nicht nur völlig inakzeptabel, es erscheint ihnen wie Blasphemie, so anmaßend, dass sie fürchten, allein schon wegen dieses Gedankens in den finstersten Höllen zu landen. Aber genau diese Erfahrung, nämlich *selbst Gott* zu sein, erwartet sie im Tod. Sie werden selbst zu Gott, weil sie nämlich immer schon Gott waren. Ein Buddhist würde sagen, wir realisieren im Tod unsere eigene *Buddha-Natur*.

Da die Erfahrung der *eigenen Göttlichkeit* aber weit über das Fassungsvermögen der meisten Menschen hinausgeht, ist es für sie ein ungeheurer Schock, genau dies zum Zeitpunkt des Todes zu erleben. Der Schock ist so groß, dass sie sich dieser Realität sofort durch Bewusstlosigkeit entziehen.

---

[46] Ab hier wird es keine Fußnoten mehr geben, in denen wir uns auf andere Literatur beziehen. Denn ab hier handelt es sich – auf yogischem Hintergrund – um unser eigenes Verständnis und unsere eigenen Interpretationen der Wahrheiten, die im Tibetischen Totenbuch dargestellt sind.

Letztendlich schreckt Gott vor seiner eigenen Größe zurück. Wenn Gott seine eigene Göttlichkeit verneint, Göttlichkeit an sich aber akzeptiert, dann wird er (als Seele) Gott außerhalb seiner selbst erfahren. Aber beinahe genauso erschreckend wie die Erfahrung der eigenen Göttlichkeit ist es zu erfahren, dass alles um ihn herum Gott ist. Jetzt schreckt Gott vor der *Allgegenwart* Gottes zurück. Die Verweigerung dieser Realität führt zur Entstehung von Energie und Materie. Diese Einstellungen betreffen nicht nur uns selbst, sondern auch das Göttliche. Wenn wir also uns selbst als materielles Wesen ansehen, dann erfahren wir auch Materie außerhalb von uns. Verweigern wir auch diese Erfahrung, dann teilt sich die Materie und unzählige Massen entstehen (abgegrenzte Materiemengen). Wir selbst sind dann eine begrenzte materielle Masse, umgeben von anderen materiellen Massen. Wenn wir zu dieser Zeit nicht in der Lage sind, unsere Gleichheit mit anderen zu akzeptieren, dann beginnen sich die Massen in Ausmaß und Form zu unterscheiden und all die unterschiedlichen materiellen Körper kommen ins Sein. Gott wird zu einem materiellen Wesen in einer materiellen Welt. So entsteht im Tod und im Nach-Tod schrittweise eine neue Schöpfung und das Spiel von Leben und Tod beginnt von neuem.

Im Folgenden werden zunächst die ersten, intensiven Wahrheits-Erfahrungen des Nach-Tods näher erläutert, führen sie doch dazu, dass eine neue Schöpfung in die Existenz kommt. So betrachtet ist das Tibetische Totenbuch weit mehr als ein Begleiter für Verstorbene. Es sagt, dass wir Gott sind, dass im Tod die Realisation dieser Tatsache stattfindet und dass erst durch die Verneinung dieser Tatsache eine neue Schöpfung in die Realität gebracht wird. Die Idee, selbst Gott zu sein, wird nicht nur von uns, sondern auch von vielen unterschiedlichen spirituellen und religiösen Ausrichtungen vertreten. Selten aber ist diese Tatsache so klar und detailliert beschrieben worden wie im Tibetischen Totenbuch.

Nach der Entstehung von materiellen Wesen in einer materiellen Welt (dem *universellen* Geist oder der Schöpfung) beginnt sich die Persönlichkeit zu formen. Zuerst die Grundstrukturen (*kollektiver* Geist oder Person), die sich durch weitere Erfahrungen wieder zur (alten) individuellen Persönlichkeit anordnen. In einem Läuterungsprozess wird diese (alte) Persönlichkeit gereinigt, danach bildet sich eine neue Persönlichkeit, die entsprechend ihrer Anlagen eine neue Geburt sucht. In jedem dieser Schritte ist es möglich, die *illusionäre* Natur dieser Prozesse zu durchschauen und so wieder zur eigenen Göttlichkeit zu erwachen. Diese Möglichkeit ist anfangs größer als in den späteren Phasen des Prozesses, weil sich die Seele immer mehr in die Schöpfung verstrickt.

Der Geist ist zum Zeitpunkt des Todes und im Nach-Tod wie ein Ozean unendlicher Möglichkeiten. Gerät dieser Ozean in Bewegung, dann kann sich daraus jedwede Vorstellung entwickeln, die dann der Seele als (äußere) Wirklichkeit erscheint. So machen die Verstorbenen sehr machtvolle Erfahrungen, die sie in Ehrfurcht, aber auch in Angst versetzen. Diese Erfahrungen sind sehr vielfältig und letztlich von ihnen selbst erschaffen, werden aber nicht als solche erkannt. Sie können sehr schön, aber auch sehr furchterregend sein. In dem Maße, wie ein Verstorbener *reagiert*, sich also von den angenehmen Erfahrungen angezogen fühlt oder versucht, den beängstigenden Erfahrungen zu entfliehen, in dem Maße verstärkt er deren jeweilige Realität. Diese Erfahrungen, die aus den Tiefen des eigenen Geistes entspringen, sind so überwältigend und unergründlich, dass Menschen der verschiedenen Kulturen sie sich nur im Rahmen ihrer religiösen Prägungen erklären können. So machen Menschen des christlichen Kulturkreises Erfahrungen, die sie als Gott, Maria oder Jesus bezeichnen, wohingegen Menschen anderer Kulturen Buddha, Shiva, Allah usw. erfahren. Die verstorbene Person sollte sich nicht gegen diese Assoziationen wehren, sondern sich ihnen öffnen und sich ihnen hingeben. Diese höchsten Wesenheiten sind Begleiter, die uns sicher durch die furchterregenden Phänomene des Nach-Tods leiten können. Deshalb sollten die Verstorbenen sich nicht vor diesen heiligen Visionen fürchten, sondern ihre ganze Aufmerksamkeit darauf richten und sich ihnen hingeben. Es ist sehr wichtig, einen Verstorbenen auf diese Phänomene des Nach-Tods vorzubereiten und ihn aufzufordern, sich diesen göttlichen Wesenheiten vertrauensvoll zuzuwenden.

1. Der Tod

Im Moment des Todes
Die Einheitserfahrung – die Erfahrung der eigenen Göttlichkeit

Im Vorgang des Sterbens stellen die Sinne nacheinander ihre Funktion ein. Danach enden die Körperfunktionen und schließlich auch das Denken. In diesem fortschreitenden Prozess erst des Ablösens, dann des Erlöschens aller geistigen Verformungen bleibt zuletzt nur noch reines, klares Bewusstsein übrig. Dieses Bewusstsein ist sich seiner *selbst* gewahr, nimmt aber nicht mehr „etwas" wahr. Es ist jenseits von Dualität, es ist alles-durchdringende, in sich selbst ruhende Göttlichkeit. Abhängig von den spirituellen Fortschritten, die eine verstorbene Person während ihres vergangenen Lebens gemacht hat, wird sie für immer in dieser Erfahrung aufgehen oder nur kurze Zeit darin verweilen.

Die Erfahrung der eigenen Göttlichkeit
(Einheitserfahrung)

Die allermeisten Menschen erleben diese erste Phase des Nach-Tods jedoch nicht bewusst, da sie wegen der hohen Intensität der Erfahrung sofort bewusstlos werden. Da Sterbende bis zum Zeitpunkt des Todes durch einen sehr schmerzhaften Prozess des Loslassens gehen müssen, kann es sein, dass sie aufgrund der verbleibenden Bindungen an das vergangene Leben diese Erfahrung nicht ertragen können und in einen Zustand der Bewusstlosigkeit versinken, der unterschiedlich lange andauert. Da wir nicht wissen, wie der spirituelle Fortschritt einer verstorbenen Person war, hegen wir die höchsten Erwartungen und lesen dem Verstorbenen deshalb auch diesen Abschnitt des Totenbuchs vor.

Nach dem Eintritt des Todes

Die duale Gotteserfahrung – die Seele erfährt sich und Gott

Trotz des Wissens um die Einheit aller Dinge entsteht der Wunsch, eine individuelle Existenz, ein eigenes *Ich* sein zu wollen. Gelingt es der verstorbenen Person nicht, in der Erfahrung der eigenen Göttlichkeit zu verweilen, dann wird eine leichte Bewegung im Geist entstehen und sie wird sich selbst als bewusstes Wesen erfahren, ohne Form, ohne festen Standort und ohne zeitliche Bezüge. *Ich bin* – die Seele ist geboren.

Die duale Gotteserfahrung

Die Seele findet sich inmitten eines grenzenlosen göttlichen Feldes wieder, das sie als (duale) Allgegenwart Gottes erfährt, und erlebt höchste Ekstasen des Glücks. Aber die Größe und Allgegenwart Gottes sind überwältigend. Würde es ihr gelingen in einem ruhigen, gedankenlosen, meditativen Zustand zu verweilen und sich dieser Situation hinzugeben, dann würde sie sich wieder in dieser Göttlichkeit auflösen und Befreiung finden.

Doch selbst wenn Menschen sich in ihrem vergangenen Leben durch spirituelle Praxis auf diese (duale) Erfahrung Gottes vorbereitet haben, kann die tatsächliche Erfahrung so überwältigend sein, dass auch sie bewusstlos werden. Sie werden aber relativ schnell wieder aus der Bewusstlosigkeit erwachen und nacheinander mit 5 machtvollen Erfahrungen von Wahrheit konfrontiert werden. Sie erleben dabei einen schrittweisen Schöpfungsprozess, bei dem sie immer wieder die Möglichkeit bekommen, die eigene Göttlichkeit zu erkennen. Die erste und reinste Erfahrung des Göttlichen tritt aber im Todesmoment selbst ein, im Augenblick des letzten Atemzuges. Deshalb ist es eine große Hilfe, Sterbende auf diese Möglichkeit aufmerksam zu machen.

2. Der Nach-Tod

Die Entstehung des universellen Geistes oder die Schritte der Schöpfung

Die Seele ist die erste Einstellung, die der Geist bildet, um sich vom Ozean seiner eigenen Göttlichkeit abzutrennen. Damit erwacht in ihr aber auch die Furcht, die individuelle Existenz wieder zu verlieren. Diese Furcht erweckt den Wunsch, vor den göttlichen Erfahrungen zu flüchten. Aber der Wunsch, vor ihnen zu fliehen, verstärkt diese Erfahrungen immer mehr, und die verstorbene Person gerät in einen Kreislauf immer größerer Furcht. Sicherlich ist es erschreckend, die eigene Existenz zu verlieren, aber was ist das Dasein als einzelner Tropfen gegen die Wirklichkeit des Meeres? Um in das Meer einzugehen, müssten wir die Furcht überwinden und dazu bereit sein, unsere Existenz als Tropfen zu opfern. Das ist die Situation, mit der eine verstorbene Person im Nach-Tod konfrontiert wird. Als Begleiter durch diese Erfahrung ermutigen wir sie, sich vertrauensvoll zu öffnen und in das Meer der eigenen Göttlichkeit einzugehen.

Wenn sich eine verstorbene Person nicht dem Göttlichen öffnen kann, dann wird der Geist, der zu diesem Zeitpunkt jede erdenkliche Vorstellung erschaffen kann, Einstellungen erzeugen, die eine gesonderte Existenz vortäuschen und aufrechterhalten. Diese Einstellungen sind die Grundlage der Erfahrung einer materiellen, der Zeit unterworfenen Existenz. Folgt die verstorbene Person diesen Vorstellungen, dann entfernt sie sich schrittweise immer weiter von der Erfahrung der eigenen Göttlichkeit, bis sie wieder zurück ins *Leben* gelangt, als abgetrenntes, materielles, vergängliches Wesen.

Der ruhige, unbewegte Geist kommt also wieder in Bewegung. Die fünf Wahrheitserfahrungen treten ein, wenn der Geist sich in einem schrittweisen Prozess verformt. Jede dieser Erfahrungen beginnt mit einem Zustand absoluter Gewissheit, in dem die verstorbene Person grundsätzliche Wahrheiten des Seins erfährt und versteht. Die Essenz jeder dieser Erfahrungen ist, dass alle Wesen durch ihre gemeinsame Natur miteinander verbunden sind und dass eine Existenz als abgetrennte Wesenheit letztlich Illusion ist. Diese Erfahrungen sind von überwältigender Schönheit und Kraft. Die verstorbene Person ist erfüllt von Gefühlen der Liebe und göttlichem Wissen. Sie macht diese fünf Wahrheitserfahrungen (der Schöpfungsschritte) noch nicht als materielles menschliches Wesen, sondern als göttliche Wesenheit. Materie, Raum und Zeit entstehen erst in dem Prozess der Verneinung der eigenen Göttlichkeit und der Göttlichkeit anderer. Es ist sehr wichtig, einen Verstorbenen zu diesem Zeitpunkt nicht als Person, sondern als göttliches Wesen zu sehen und anzusprechen.

Die Entstehung von Energie

Wenn die Seele die direkte Konfrontation mit der göttlichen Allgegenwart erfährt, so erzeugt dies neben exstatischen Gefühlen auch große Furcht, da das Sich-Öffnen für diese Realität zum Verlust der eigenen individuellen Existenz führen würde. Diese Ängste führen dazu, dass die Seele versucht, sich der Erfahrung der Allgegenwart Gottes zu entziehen. So ent-

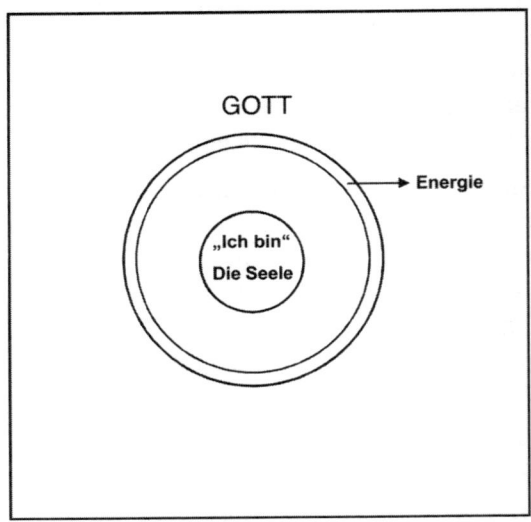

Die Entstehung von Energie

steht ein Spannungsfeld, das immer mehr anwächst. Je mehr sich die Seele gegen diese machtvolle göttliche Erfahrung wehrt, umso höher wird das Spannungsfeld. Je höher das Spannungsfeld wird, umso größer wird auch die Furcht. So entsteht eine vibrierende Energie, die immer mehr anwächst. Würde die Seele erkennen, dass die Energie aus ihrem eigenen Widerstand gegen Gott entsteht und sich ihr überantworten, dann würde sie Befreiung erlangen. Gibt sie aber ihrer Furcht nach, dann wächst die Intensität der Energie immer mehr an, bis sie in eine erneute Bewusstlosigkeit fällt.

Die Entstehung von Materie

Durch den Wunsch, von Gott getrennt zu bleiben, ist die Energie so sehr angestiegen, dass sie sich bis zur Erfahrung von Materie verdichtet hat. Jetzt erfährt die Seele einen Zustand von großer Dichte und Festigkeit, was sich anfühlt wie eine Kompaktheit mit unendlicher Ausdehnung. Anfangs ist dies wieder eine sehr erfüllende Erfahrung. Es existiert kein Unterschied zwischen der eigenen Seele und anderen Seelen und sie macht die Erfahrung, sich selbst in allem anderen wiederzuerkennen. Der Satz „Liebe andere wie dich selbst" ist hier lebendige Wahrheit. Würde die verstorbene Person sich dieser Wahrheit rückhaltlos öffnen, dann würde sie in die Einheit mit Gott zurückkehren können.

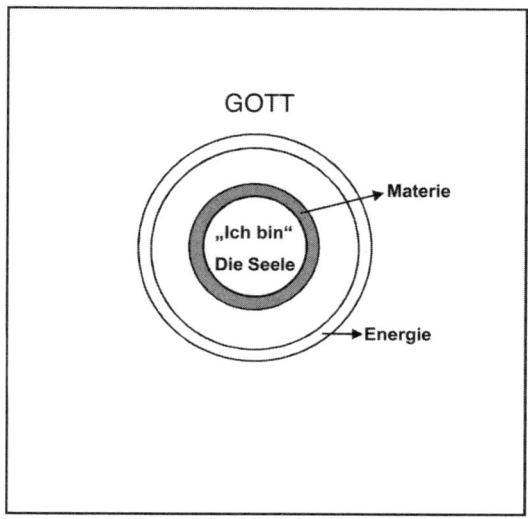

Die Entstehung von Materie

Aber es erwacht auch jetzt die Angst vor dem Verlust der eigenen, gesonderten Existenz. Der Wunsch zu fliehen erschafft nun eine Erfahrung großer Enge, als sei die Seele, eingeschlossen in kompakte Materie, zu völliger Unbeweglichkeit verdammt. Je mehr die verstorbene Person sich gegen diese Situation sträubt und ihr entkommen will, umso unerträglicher wird es. Die Enge wird immer größer. Wieder wird die verstorbene Person aufgefordert, sich der Situation zu stellen, sich darauf zu besinnen, dass die Qualen aus dem eigenen Wunsch erwachsen, getrennt zu sein, und dass es besser wäre, sich dem Göttlichen hinzugeben. Gelingt es ihr aber nicht, sich dieser Situation hinzugeben, dann wird sie wieder das Bewusstsein verlieren und sich in der nächsten Erfahrung des Nach-Tods wiederfinden.

Die Entstehung begrenzter Materie (Masse)

Jetzt erwacht die Seele als materielle Wesenheit, getrennt und umgeben von anderen materiellen Wesen gleicher Form und Masse. Jedes Wesen ist genau wie sie selbst und sie erlebt große Ruhe und überströmendes Mitgefühl für alle anderen. Aber es fehlt jegliche Individualität, sie ist wie alle anderen Wesen. Wäre sie dazu bereit, diese Situation zu akzeptieren, dann würde sie wieder in die göttliche Einheit zurückkehren können.

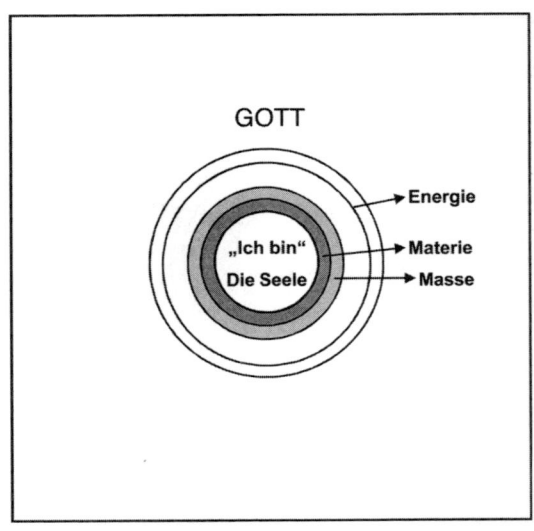

Die Entstehung von Masse

Aber es erwacht der Wunsch, sich von anderen zu unterscheiden, etwas Besonderes zu sein. Dieses Verlangen erzeugt Furcht vor der Erfahrung von Gleichheit und der Wunsch erwacht, vor den anderen zu fliehen. Gibt die Seele, die jetzt mit Materie identifiziert ist, diesem Wunsch nach, dann wird die Angst vor anderen immer mehr anwachsen und sie wird sich auf sehr leidvolle Weise mehr und mehr von ihnen trennen. Wenn sie aber erkennt, dass das Wissen um die Gleichheit aller Wesen ihrem eigenen inneren Wesen entspringt und sie sich völlig für die Gleichheit öffnet, dann wird sie in ihre eigene Göttlichkeit eintauchen und Befreiung finden.

Die Entstehung von Raum

Kann die Seele, die mit Materie identifiziert ist, sich nicht der Erfahrung der Gleichheit mit anderen hingeben, dann erwacht sie getrennt von allen anderen. Sie ist sich ihrer selbst bewusst und weiß um ihre individuelle Existenz. Diese Erfahrung der eigenen individuellen Existenz ist begleitet von dem Wissen, dass jedes andere Wesen auch eine Individualität besitzt und dass sie darin allen anderen gleich ist. Dieses Wissen wird begleitet von einem überwältigenden Gefühl von Ruhe, Nähe und Verbundenheit.

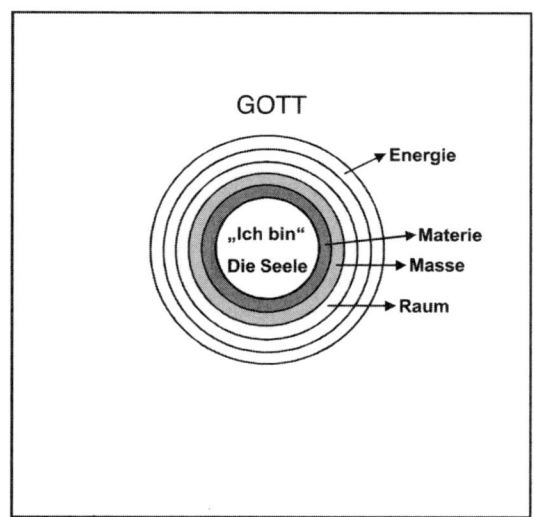

Die Entstehung von Raum

Aber auch jetzt erwacht wieder Furcht um die eigene gesonderte Existenz. Um sich von anderen zu unterscheiden, bietet sich der Ausweg an, die eigene Masse zu vergrößern. So beginnt die mit Materie identifizierte Seele, von Furcht getrieben, begierig andere Materie anzusammeln. Diese erhält sie, indem sie Materie von anderen nimmt. Um das zu tun, muss sie die Distanz zu ihnen überbrücken. So erwacht in ihr das Bewusstsein von Raum. In diesem Prozess vergisst sie immer mehr ihre eigene Göttlichkeit und identifiziert sich mit der angesammelten Materie. Folgt sie dem Verlangen, sich zu unterscheiden, dann wird sie endgültig ein sterbliches, materielles Wesen werden. Wendet sie sich aber der Erfahrung der Verbundenheit aller Wesen zu, dann wird sie Befreiung finden. Daran wird die verstorbene Person vom Vorleser erinnert. Wehrt sie sich trotz unserer Unterstützung weiter gegen das Wissen, dass alle Wesen gleich sind, dann wird sie nach einer Zeit von Bewusstlosigkeit in der nächsten Erfahrung erwachen.

Die Entstehung von Zeit

Jetzt erwacht die Seele als getrenntes materielles Wesen in Kontakt mit anderen materiellen Wesen unterschiedlichster Masse. Jedes dieser Wesen ist anders, aber auf seine Weise völlig perfekt. Das Wissen, dass ein *Mehr* oder *Weniger* an Masse nichts an der Perfektion jedes Einzelnen ändert, erfüllt sie mit unendlichem Gleichmut und Toleranz gegenüber allen anderen, so unterschiedlich sie auch sein mögen.

Aber auch diese Erfahrung des Gleichmuts ist so überwältigend, dass die Angst erwacht, dabei die eigene gesonderte Existenz zu verlieren. Neid auf die Perfektion anderer erwacht und der Wunsch, noch perfekter zu sein als sie. Da mehr oder weniger Masse nichts ändern würde, erwacht der Wunsch, sich durch die Veränderung der eigenen Form von anderen zu unterscheiden. Dieses Begehren erschafft das Bewusstsein von Zeit. So erschafft die Seele, die ihrer eigentlichen Natur nach ein raum- und zeitloses göttliches Wesen ist, indem sie sich den Erfahrungen der Verbundenheit und Gleichheit widersetzt, Schritt für Schritt ein der Zeit unterworfenes materielles Wesen. Und doch bekommt sie jetzt nochmals die Gelegenheit, diese Abwärtsentwicklung zu durchbrechen und ihre wahre göttliche Natur zu erkennen. Wenn sie in der Lage ist, sich dem Wissen um die Gleichheit

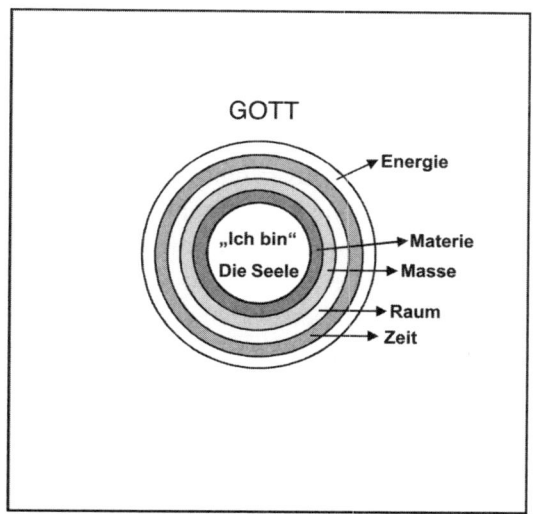

Die Entstehung von Zeit

aller Wesen zu öffnen, dann wird sie ihre wahre Natur realisieren. Deshalb wird sie vom Vorleser angewiesen, sich der anfänglichen Erfahrung völliger Gleichheit hinzugeben, um so Befreiung zu erlangen.

Der Zustand klaren Wissens und die Entstehung des *kollektiven* Geistes

Durch die Verneinung der Gotteserfahrungen im Tod und der ersten 5 Erfahrungen des Nach-Tods ist der *universelle* Geist entstanden. Es sind dies die Grundeinstellungen: Sein (Seele), Energie, Materie, Masse, Raum und Zeit. Ist es der Seele der verstorbenen Person aber bis jetzt nicht gelungen, Befreiung zu erlangen, dann erfährt sie sich nun als menschliches Wesen. Da sie sich im Nach-Tod befindet, ist ihr Körper kein materieller Körper, sondern ist wie ein Körper im Traum, der viele besondere Fähigkeiten besitzt.

Jetzt tauchen alle vorhergehenden Wahrheitserfahrungen gleichzeitig auf und die verstorbene Person erlebt einen Zustand von Allwissenheit und göttlicher Kraft. Der Geist ist jetzt sehr machtvoll und jede Vorstellung, die in ihm erwacht, wird als intensive Wirklichkeit erfahren. Gelingt es der verstorbenen Person nicht, sich den göttlichen Wahrheiten hinzugeben, dann bildet sich nun der *kollektive* Geist (die Person) mit den *Grund*-Strukturen von Persönlichkeit.

Diese Grundstruktur besteht aus grundlegenden positiven und negativen Einstellungen der Schöpfung gegenüber. Die positiven Einstellungen erzeugen in Bezug auf die Wahrheitserfahrungen und auf den Zustand der Allwissenheit überwältigende Freude, die negativen Einstellungen schreckliche Furcht. Die verstorbene Person wird zuerst mit den positiven, dann mit den negativen Einstellungen konfrontiert. Die wahre Natur des Geistes ist *Leere*, das heißt, negative und positive Sichtweisen heben sich gegenseitig auf. Wendet sich die verstorbene Person aber einer dieser Seiten zu, um sich damit zu identifizieren, dann wird nicht nur diese Seite verstärkt, sondern die gegenteilige Einstellung kommt ebenfalls stärker ins Sein.

Zuerst tauchen nun die positiven Einstellungen auf. Die verstorbene Person macht demzufolge unglaublich schöne und erfüllende Erfahrungen. Sie sieht sich und andere in einem positiven Licht und erinnert sich an viele Existenzen, wo sie diese positiven Seiten des Geistes gelebt hat. Es ist sehr verlockend, diesen positiven Bildern zu folgen, führt aber dazu, dass der Geist insgesamt aus dem Gleichgewicht gerät, sich weiter verformt und dadurch eine *individuelle* Persönlichkeit entsteht. Deshalb wird die verstorbene Person dazu angehalten, sich nicht an diese positiven Kräfte zu binden, sondern sich stattdessen dem Göttlichen zuzuwenden.

Ist es der verstorbenen Person nicht möglich, das zu tun, dann tauchen nach einer Zeit von Verwirrung die negativen Aspekte des *kollektiven* Geistes vor ihr auf. So wie zuvor die positiven Einstellungen positive Erfahrungen und Erinnerungen an andere Existenzen hervorgerufen haben, kommen jetzt extrem negative Erfahrungen und Erinnerungen an andere Leben ins Bewusstsein und erzeugen Scham und große Furcht. Kann die verstorbene Person sich diesen Phänomenen nicht stellen, dann wachsen Scham und Panik immer mehr an. Diese Erfahrung ist sehr furchterregend, deshalb bedarf es großer Kraft und Hingabe, sich ihr zu stellen. Jetzt kommt es darauf an, Gleichmut zu bewahren, keiner Seite den Vorzug zu geben, sondern beide Seiten mit ihren Einstellungen als Manifestationen des Geistes zu erkennen. Die verstorbene Person braucht jetzt sehr viel

Unterstützung. Sie wird Befreiung erlangen, wenn es ihr gelingt, sich weder den positiven Phänomenen zuzuwenden noch vor den negativen zu flüchten. Dazu muss sie sich ihres eigenen göttlichen Selbst bewusst werden und die Erfahrungen als einander gleichwertige Manifestationen und als Schöpfungen ihres eigenen Geistes erkennen. Gelingt ihr das, dann wird der Geist wieder zur Ruhe kommen und sie wird in ihre eigene Göttlichkeit eingehen.

Die Formung der *individuellen* Persönlichkeit und die Suche der Wieder-Verkörperung

Die Zeit der Läuterung

Wenn es der verstorbenen Person nicht gelungen ist, sich den intensiven positiven und negativen Manifestationen des *kollektiven* Geistes zu stellen, dann wird sie, von Panik und Furcht getrieben, in eine tiefe Bewusstlosigkeit fallen, aus der sie aber nach einiger Zeit wieder erwacht. Nun ist sie wieder an einen menschlichen Körper und auch an eine *individuelle* Persönlichkeit gebunden, die zunächst dem Körper und der Persönlichkeit ihres vergangenen Lebens gleichen. Sie begegnet jetzt auch den konkreten Erinnerungen an ihr vergangenes Leben. So wird sie ihren toten Körper sehen und die trauernden Angehörigen, aber sie wird keinen Kontakt zu ihnen aufnehmen können. Wie wir im Traum normalerweise nicht wissen, dass wir träumen, so begreift die verstorbene Person zunächst nicht, dass sie tot ist. Jetzt wird sie vom Vorleser aufgefordert, sich der Realität ihres Todes zu stellen. Sie ist auf dem Weg zur Wiederverkörperung, auf dem sie weitere beunruhigende Erfahrungen machen wird. Um ihr zu helfen, werden ihr konkrete Anweisungen gegeben. Auch jetzt ist es unsere wichtigste Aufgabe, die verstorbene Person zu unterstützen, alle Erscheinungen als Manifestationen ihres eigenen Geistes zu erkennen und sich ihnen zu stellen. Dabei wird sie immer wieder mit Situationen konfrontiert, die große Hingabe erfordern. Jetzt, wo sich der Geist wieder in seinen *individuellen* Strukturen geformt hat und die konkreten Erinnerungen an das vergangene Leben zugänglich sind, kommt es zu sehr starken Erfahrungen von Schuld. Normalerweise reagiert die Persönlichkeit auf Schuldgefühle, indem sie versucht, diese Gefühle durch Rechtfertigung abzumildern oder ganz aufzulösen. Dies versucht sie auch jetzt, aber im Angesicht des All-Wissens, das die verstorbene Person durch die Wahrheitsnähe des Nach-Tods immer noch besitzt, steigen die Schuldgefühle sehr stark an. Besonders durch das klare Wissen, dass Rechfertigungen ein Versuch sind, sich der eigenen Verantwortung zu entziehen, kommt es unvermeidbar zu einer Situation, in der die verstorbene Person rückhaltlos mit der Wahrheit konfrontiert wird. Kämpft sie jetzt weiter, dann gerät sie in einen extrem leidvollen Zustand von Zerrissenheit, der entsteht, weil sie die Taten des vergangenen Lebens vom Standpunkt ihres jetzigen Wissens aus beurteilt. Dieser Zustand ist von starken körperlichen Schmerzen und furchterregenden geistigen Phänomenen begleitet. Diese *Höllenerfahrungen* kann sie nur dadurch beenden, dass sie sich zu ihrer Verantwortung bekennt und sich diesen Erfahrungen hingibt. Sind ihre Schuldgefühle sehr groß, dann kann es *sehr lange* dauern, bis sie dazu bereit ist, für ihr Handeln die volle Verantwortung zu übernehmen. Wenn die verstorbene Person diese Verantwortung übernimmt, dann ist das, als würde sie sich einem Selbstopfer unterziehen. Gelingt ihr das, dann wird sie augenblicklich wieder eine Erfahrung von Einheit mit dem Göttlichen machen.

Der Prozess der Wieder-Verkörperung

Inzwischen hat sich durch den schmerzhaften Prozess der Läuterung die Persönlichkeit der verstorbenen Person sehr verändert. Vieles aus ihrem vergangenen Leben hat sie vergessen. Jetzt erscheinen ihr Bilder von Angehörigen und Freunden. Sie wird auf diese Bilder auf die eine oder andere Weise reagieren. Dadurch formt sich eine neue Persönlichkeit. Jetzt müssen wir der verstorbenen Person helfen, zu vermeiden, dass sie getrieben von ihrer neuen Persönlichkeitsstruktur eine ungünstige Wiedergeburt wählt. Dazu ist es sehr wichtig, einen neutralen oder positiven Gemütszustand aufrechtzuerhalten, weil solch ein Gemütszustand die beste Basis für ihr nächstes Leben bildet.

An eine Wiedergeburt zu glauben oder nicht, bedeutet einen grundlegenden Unterschied im Umgang mit dem Tod. Der Wunsch zu leben ist nicht nur ein geistiger Impuls, es ist ein Instinkt, der dem Körper innewohnt und der unbewusst unser gesamtes Handeln beherrscht. Der Trieb zu leben und zu erfahren (buddhistisch: Lebensdurst) beherrscht auch die Zeit nach dem Tod und führt uns in die erneute Identifikation mit einem Körper. Dies bedeutet aber nicht nur Leben gewinnen, sondern auch wieder der Vergänglichkeit unterworfen zu sein, also immer wieder Verlust, Krankheit und Tod zu durchleben – immer wieder alles zu verlieren, was wir im Laufe eines Lebens aufgebaut haben. So ist das Leben *immer* mit Leid verbunden. Zwar gibt es Chancen für ein relativ angenehmes Leben, aber die Mehrzahl aller Menschen führt ein leidvolles, entbehrungsreiches Leben, im materiellen wie auch im emotional-geistigen Bereich. Welche Art von Leben wir für unsere Wiedergeburt suchen, hängt von den Strukturen des *individuellen* Geistes ab, der letztendlich der Erschaffer des *konkreten persönlichen* Lebens ist. So gibt es für die verstorbene Person im Nach-Tod zwei Wege oder Möglichkeiten:

– in die eigene Göttlichkeit einzugehen und nicht mehr wiedergeboren zu werden oder
– ein möglichst leidfreies nächstes Leben zu erreichen.

Da Leben aber immer mit Leiden verknüpft ist und der Tod ein ständiger Begleiter ist, ermutigt der Vorleser die verstorbene Person dazu, alles zu unternehmen, nicht wiedergeboren zu werden, sondern Befreiung zu erlangen. Die verstorbene Person wird also aufgefordert, eine erneute Wiedergeburt zu vermeiden. Dieser Aspekt der Nach-Tod-Begleitung ist für Menschen, die (natürlicherweise!) an das Leben verhaftet sind, schwierig zu verstehen. Die verstorbene Person ist aber dem Wissen um die Möglichkeit der Befreiung im Nach-Tod sehr viel näher, deshalb ist ihre Fähigkeit, sich für die Befreiung zu öffnen, sehr viel größer als bei uns Lebenden. Wollen wir eine verstorbene Person im Nach-Tod unterstützen, dann ist es notwendig, die eigenen Bedenken und Ängste zurückzustellen und sie anzuleiten, dem Verlangen nach Wiedergeburt nicht nachzugeben. Falls sie dem Verlangen nach Wieder-Verkörperung aber nicht widerstehen kann, dann geben wir ihr Anweisungen, die sie dabei unterstützen sollen, eine *günstige* Wiedergeburt zu erlangen. Vom Standpunkt der Befreiung aus betrachtet, wäre das ein Leben, das es ihr ermöglichen würde, sich durch spirituelle Praxis zu schulen und sich der Erfahrung des Göttlichen hinzugeben. Ideal dazu ist ein gesundes, friedliches, sorgenfreies Leben unter spirituell gesinnten Menschen, die dieses Ziel unterstützen.

Das Totenbuch des Westens
für die Begleitung von Verstorbenen

Einleitung zum Totenbuch

Das Tibetische Totenbuch gehört zu den alten Weisheitsbüchern und natürlich stellt sich die Frage, welche Bedeutung ein solches Buch für westliche Menschen haben kann. Die Autoren solcher Weisheitsbücher waren *erleuchtete* Individuen, also Menschen, die die Wahrheit – im absoluten Sinne – erfasst haben bzw. von ihr erfasst wurden und mit ihr eins geworden waren. Vom Blickwinkel eines solchen Erleuchteten aus ist alles, was wir Menschen als *real* erfahren (die Welt, unseren Körper, unsere Persönlichkeit), eine Illusion, ein Traum und nicht die *wahre* Wirklichkeit. Die *wahre* Wirklichkeit oder die *wirkliche* Wahrheit ist, dass alles *Eins* ist, dass alles *Gott* ist, und dass dort niemand ist, der sterben könnte. Diese absolute Wahrheit, die sich hinter allem verbirgt, ist den meisten von uns jedoch nicht bewusst. Diese Tatsache macht das Reden über solche Dinge oft ziemlich schwierig und kann zu Diskussionen führen, was denn nun eigentlich *wahr* ist. Erleuchtung wird auch als spirituelles Erwachen bezeichnet, als ein Erwachen in der *wahren* Wirklichkeit, in der *absoluten Wahrheit*. Spirituell zu erwachen oder Erleuchtung zu erreichen bedeutet, endlich zu erkennen, wer oder was wir *wirklich* sind: göttliche bewusste Wesen oder Individuen. Wie wir unsere wahre göttliche Natur bezeichnen, als Buddha-Natur, als Christusbewusstsein, als das Selbst oder als das Absolute, ändert nichts an dieser gemeinsamen wahren Natur aller Wesen.

Das innerste Anliegen erleuchteter Menschen ist es, andere Menschen zu unterstützen, ebenfalls zu erwachen. Auch die Autoren des Tibetischen Totenbuchs lebten im Bewusstsein dieser Wahrheit. Weil ihnen bewusst war, dass der Mensch viel mehr ist als nur sein Körper, hat das Tibetische Totenbuch eine viel weitergehende Bedeutung als (nur) ein Begleiter im Sterbeprozess oder im Nach-Tod zu sein. Das Totenbuch ist nicht nur ein Text, mit dem wir andere in ihrem Nach-Tod begleiten können, es ist vielmehr ein Text, mit dem wir als göttliche Individuen anderen göttlichen Individuen zu einem besonders günstigen Zeitpunkt (ihrem Tod) dabei helfen können, spirituell zu erwachen und die Einheit mit Gott zu realisieren. Wir alle sind in unserem Kern göttlich und Gott kann nicht sterben! Sterben wird der Körper und genau dieser Moment ist für unser Bewusstsein eine ausgezeichnete Möglichkeit, in der Wahrheit der eigenen Göttlichkeit zu erwachen. So betrachtet ist das Totenbuch eher das Gegenteil eines Sterbebegleiters, es ist ein Begleiter auf dem Weg zum Erwachen im ewigen Leben, es ist ein Befreiungsbuch. Im Vorwort wird gesagt: „Oh, welche Gnade, dass Du dieses Buch in Händen hältst. Du wirst sicherlich Befreiung finden!" Das Totenbuch zu verstehen, wirklich zu verstehen, bedeutet, aus dem Traum zu erwachen, in dem wir gefangen waren. Die vergängliche, menschliche Existenz ist ein Traum, an den wir uns gebunden hatten und den wir irrtümlich *Realität* nannten. Es gilt, aus diesem Traum zu erwachen. Denn in Wahrheit sind wir das Eine, das auch alles andere ist. Erst der Traum, die Illusion ein Mensch zu sein, erschafft die Illusion des Todes, die Illusion der Trennung von Gott und selbst die Illusion eines Gottes. Dieses *All-Eine* ist absolut nicht beschreibbar, es ist nur erfahrbar. Worte scheitern, obwohl alle Religionen ein Versuch sind, hiervon zu berichten! Ein Buddhist benennt es völlig anders als ein Christ oder ein Muslim, aber alle sprechen von demselben. Die Wahrheit, von der sie reden, ist *ewig* und *universell*, so gesehen, *gehört* sie keinem. Sie ist weder buddhistisch, noch christlich und auch nicht physikalisch. Sie ist die Basis allen Seins und völlig unberührt davon, ob wir an sie glauben oder wie wir sie benennen. Das göttliche Selbst befindet sich nicht in Zeit und Raum, sondern ist Ursache von Zeit und Raum – die Quelle von Schöpfung.

Vom Erwachen in der wahren Wirklichkeit – in der *Wahrheit* – berichten alle Religionen. Besser gesagt, der Vorgang des Erwachens *ist* Religion, gleich, welchen Gründer eine Religion hat, welchen Namen sie trägt, welchem Kulturkreis sie angehört oder welche Bräuche, Gebete oder Gesänge zu ihrer Tradition gehören. Zwar ist die Beschreibung des spirituellen Erwachens von Mensch zu Mensch, von Kultur zu Kultur verschieden, aber in ihrer *Essenz* sind diese Berichte gleich. Auch das Tibetische Totenbuch handelt von dieser *Essenz*, auch wenn es sich dabei buddhistischer Bilder und Symbole bedient. Die Darstellungen des Totenbuches sind in ihrem Kern älter als der Buddhismus, sie wurden erst später buddhistisch eingefärbt. Das sind normale Prozesse, die auch andere Weisheitsbücher oder heilige Texte durchlaufen. Wie auch immer, solche Anpassungen an Zeit und Kultur ändern nichts an der eigentlichen Essenz eines solchen Textes, an seinen Kern-Aussagen. Diese Essenz ist über-zeitlich (*ewig*) und kultur-übergreifend (*universell*). Um diese ewige, universelle Essenz geht es eigentlich und geht es auch uns als Autoren. Wir haben versucht, die ewige, universelle Essenz des Tibetischen Totenbuchs aus seinem buddhistischen Kontext zu lösen und den *eigentlichen* Gehalt der Symbole ins westliche Denken und in westliche Sprache zu übertragen, um ihn für unseren Kulturkreis zugänglich und verständlich zu machen.

Wenn wir das Sterben und den Tod eines anderen Menschen erleben, dann ist dies von uns aus gesehen ein zeitlicher Prozess. Für den Verstorbenen endet jedoch mit dem letzten Atemzug die Idee und Erfahrung von Zeit. Zum Zeitpunkt des Todes existiert überhaupt keine Zeit. Der Verstorbene erfährt das Jetzt, die Ewigkeit. Zeit entsteht für ihn erst wieder im Nach-Tod, wenn er aus dem erwachten Zustand wieder ins Träumen verfällt. So gesehen können für das verstorbene Individuum keine 49 Tage bis zur nächsten (Wieder-) Verkörperung vergehen. Aus unserer Sicht sind die 49 Tage symbolisch zu verstehen, wie überhaupt der größte Teil des Totenbuchs symbolisch zu verstehen ist und eigentlich keinen Todesprozess, sondern einen Schöpfungsprozess beschreibt. Allerdings nicht im Sinne der (Wieder-)Verkörperung einer bestimmten Seele, denn auch die Seele endet im Moment des Todes (sie wird eins mit Gott). Die neue Seele entsteht erst (wieder) im zweiten Schritt, in der dualen Gotteserfahrung, aber auch diese Erfahrung ist noch jenseits von Zeit. Die Tatsache, dass das Totenbuch ein Buch für Lebende ist, um ihnen beim spirituellen Erwachen zu helfen, und auch die Tatsache, dass im Totenbuch eigentlich der Schöpfungsprozess beschrieben ist, wurde von vielen früheren Lesern und Bearbeitern des Textes nicht erkannt. Dies führte zu der Annahme, dass das Totenbuch vorrangig der Sterbebegleitung diene. Erst die letzten Abschnitte dieses Textes sind der (Wieder-)Verkörperung der Seele gewidmet, ein zwar nützlicher Teil, der aber nicht die zentrale Aussage des Buches ist. Das zentrale Anliegen ist das Erwachen in der Wahrheit. Von dieser Sichtweise gehen wir bei unserer Übertragung des Textes ins westliche Denken aus. So gesehen ist der nachfolgende Text nicht so sehr als Sterbebegleiter gedacht, er ist eher eine Anleitung zum spirituellen Erwachen, ein Erleuchtungsbuch. Wenn wir dies nicht verstehen, dann wird der Text – gegen seine ursprüngliche Absicht – zum Sterbebegleiter umfunktioniert. Besser wäre es, wenn er von noch Lebenden studiert würde, die sich selbst auf den Moment des Erwachens vorbereiten wollen. Er sollte so genau und so intensiv studiert werden, dass tatsächliches Verstehen eintritt. Verstehen und zu erwachen, ist die beste Vorbereitung auf den eigenen Tod. Wenn wir eines Tages endgültig erwachen, dann findet für uns kein Sterben und kein Tod mehr statt. Gott kann nicht sterben! Dann brauchen wir den Tod nicht mehr, um zu erwachen, weil wir bereits erwacht sind. Wenn wir erwachen, stirbt die Illusion, unter der wir gelebt haben. Und umgekehrt: Wir erwachen, wenn die Illusion stirbt. Während des Studierens haben wir jederzeit die Möglichkeit, das Geschenk der alten Meister zu erhalten, das in diesem Text verborgen liegt.

Wenn Menschen zu Lebzeiten weder Schriften studiert haben, die auf den Zeitpunkt des Todes vorbereiten, noch eine Erfahrung des Erwachens gemacht haben, kann es geschehen, dass sie im Augenblick des Todes von der Befreiungserfahrung – der Einswerdung und Begegnung mit Gott – so überwältigt sind, dass sie in Bewusstlosigkeit verfallen und erst im späteren Nach-Tod wieder zu sich kommen. Für solche unerwachten, noch träumenden Seelen gelten die letzten Abschnitte des Textes. Diese Abschnitte dienen dazu, im kommenden Leben eine Situation zu schaffen, die das spirituelle Erwachen begünstigt. Leider dürfen wir vermuten, dass dies für viele Verstorbene zutrifft, vor allem wenn sie sich zu Lebzeiten nicht mit den Vorgängen nach dem Tod beschäftigt haben. Wenn sie dann im Nach-Tod den Text des Totenbuchs zum allererstenmal Mal hören sollten, ist der Nutzen nicht sehr groß. Genau deshalb ist es wichtig, sich schon zu Lebzeiten mit diesem Text und mit dem Thema *Tod und Sterben* zu beschäftigen. Falls sich uns die Frage stellt, ob wir einem Verstorbenen den Text vorlesen sollen oder nicht, dann sollten wir davon ausgehen, dass Menschen im Tod und im Nach-Tod frei von den normalen Beschränkungen und deshalb weitaus fähiger sind als wir Lebenden. Im Angesicht und in der Nähe der Wahrheit verstehen sie viel besser als wir selbst, was mit diesem Text gemeint ist. Und wie im Leben, so ist es auch im Tod sehr sinnvoll, für einen jeden Menschen von seinen höchsten Möglichkeiten auszugehen und ihn hierin zu unterstützen und zu fördern. Für ein vollständig erwachtes Individuum ist dieser Text nicht mehr nötig, aber für jeden noch nicht vollständig Erwachten kann dieser Text zum Zeitpunkt des Todes von großem Nutzen sein.

Der Augenblick des Todes, das heißt, der Moment der Trennung von Seele und Körper, ist für das spirituelle Erwachen besonders günstig. Wenn einem Sterbenden oder bereits Verstorbenen der nachfolgende Text vorgelesen werden sollte, dann ist es beim Vorlesen wichtig, diesen Menschen nicht in seiner Eigenschaft als Person oder Körper zu kontaktieren, sondern ihn in seinem göttlichen Selbst (als Individuum) anzusprechen. Dies hilft ihm, sich dieser – seiner eigenen – Wahrheit bewusst zu werden. Dieser göttliche Kern verbindet ihn mit allen Wesen, auch mit uns als Vorleser. Wenn wir uns auf diese Ebene konzentrieren, gelingt es uns leichter, ihn während es Sterbens und im Nach-Tod zu erreichen. Wenn wir also im nachfolgenden Text des Totenbuchs den Verstorbenen mit *göttlichem Wesen* ansprechen, dann sprechen wir ihn auf seine göttliche Natur an und laden ihn ein, aus dem Traum der Schöpfung in die *Realität* Gottes zu erwachen. Wir laden ihn ein zu sehen, dass sein Mensch-Sein nicht mehr war als ein Traum, und endlich zu realisieren, dass es noch nie etwas anderes gegeben hat und nie etwas anderes geben wird als diese Göttlichkeit, die seine ureigene Natur ist.

Sprechtext zur Begleitung von Verstorbenen

Der nachfolgende Abschnitt sollte – wenn möglich – bereits beim Eintritt des Todes vorgelesen werden. Da der Sterbende im Moment des Todes in einem Zustand frei von allen Identifikationen ist, sollten wir ihn zu diesem Zeitpunkt zunächst als göttliches, bewusstes Wesen ansprechen und erst später mit dem Namen, den er in seinem vergangenen Leben geführt hat. Bewusstheit ist die gemeinsame Grundlage unseres Seins. Richte deshalb deine Aufmerksamkeit auf den Sterbenden/Verstorbenen als bewusstes Wesen und gib ihm folgende Anweisungen:

1. Der Tod

Im Moment des Todes
Die Einheitserfahrung – die Erfahrung der eigenen Göttlichkeit

Oh Göttliches Wesen, das bisher unter dem Namen … gelebt hat, höre mir jetzt gut zu und sei nicht abgelenkt. Jetzt ist für dich wieder der Zeitpunkt gekommen, die Wirklichkeit zu erfahren. Du bist jetzt in einem Zustand völliger Klarheit. Dein Geist ist unbewegt, leer und frei von Furcht, kein Gedanke trübt das klare Wasser. Du bist allwissendes, reines Bewusstsein. Jetzt ist der Augenblick, wo du dich selbst erkennst. Verweile in diesem Zustand.

Höre gut zu, was ich dir sage, …(Name)…, du realisierst jetzt den Zustand deiner eigenen Göttlichkeit und weißt, dass das, was du als Welt, Leben und als dein Alltagsbewusstsein erfahren hast, in Wahrheit immer Gott war. Diese Göttlichkeit ist niemals entstanden, noch wird sie jemals vergehen. Sie ist ohne Substanz, Raum, Zeit und Eigenschaft und doch die Quelle von allem. Dies ist dein eigener ungeformter Geist, mit grenzenloser Fähigkeit, leuchtend, glückselig im eigenen ungeformten Bewusstsein. Kein Gedanke, Gefühl oder sonstige Erscheinung trübt die Klarheit dieser Erfahrung. Dies ist der Zustand der Befreiung.

Dieser ungeformte Bewusstseinszustand ist Gott.
Du selbst bist es!
Verweile in diesem Gewahrsein!

Dieser Text sollte *beim Eintritt des Todes* mehrere Male mit deutlicher und klarer Stimme gelesen werden.

Sprechtext

Nach dem Eintritt des Todes
Die duale Gotteserfahrung – die Seele erfährt sich selbst und Gott

Wenn die verstorbene Person nicht in der Lage war, in Gott und in ihrer eigenen Göttlichkeit zu verweilen, wird sie jetzt sich selbst (als Seele) und Gott als außerhalb von sich selbst erfahren. Für die verstorbene Person existieren weder Materie noch Raum, noch Zeit. Sie besitzt jetzt weder einen Körper noch eine Persönlichkeit. Sie erfährt sich als einzelne Seele inmitten der ewigen Gegenwart und Unendlichkeit Gottes. Sie erfährt sich und Gott, macht also eine duale Gotteserfahrung. Wir fordern sie auf, sich Gott hinzugeben.

Höre gut zu, was ich dir sage, ... (Name) ..., du realisierst jetzt Gott und weißt, dass das, was du als Welt, Leben und als dein Alltagsbewusstsein erfahren hast, in Wahrheit immer Gott war. Gott ist niemals entstanden, noch wird er jemals vergehen. Er ist ohne Substanz, Raum, Zeit und Eigenschaft und doch die Quelle von allem. Dies ist dein eigener ungeformter Geist, mit grenzenloser Fähigkeit, leuchtend, glückselig im eigenen ungeformten Bewusstsein. Kein Gedanke, Gefühl oder sonstige Erscheinung trübt die Klarheit dieser Erfahrung. Realisiere, dass diese strahlende Erfahrung Gottes deinem eigenen Geist entspringt. Gib dich der Erfahrung Gottes furchtlos hin. So wirst du in Gott eingehen und Befreiung erlangen.

2. Der Nach-Tod

Wenn die Seele sich Gott nicht hingeben konnte, dann erwacht sie jetzt in den Erfahrungen des Nach-Tods. Nacheinander wird sie nun mit fünf machtvollen Wahrheitserfahrungen konfrontiert. Da die Seele kein materielles Wesen, sondern göttlich ist, hat sie in jeder dieser Erfahrungen die Möglichkeit, in ihrer eigenen Göttlichkeit zu erwachen. Dazu muss sie aber in der Lage sein, die unterschiedlichen Manifestationen Gottes zu ertragen und sich ihnen hinzugeben. Gelingt ihr dies nicht, dann wird Schritt für Schritt eine neue Schöpfung in Erscheinung treten, bis sich die Seele wieder als materielles Wesen in einer materiellen Welt erfährt. Es ist jetzt wichtig, der verstorbenen Person dabei zu helfen, zu erkennen, dass diese unterschiedlichen Manifestationen

Sprechtext

des Göttlichen ihrem eigenen Geist entspringen. Sie soll sich ihnen mutig überantworten und nicht die scheinbare Sicherheit einer gesonderten Existenz wählen. Da die verstorbene Person zu dieser Zeit noch nicht mit einem menschlichen Körper identifiziert ist, solltest du sie auch bei den nächsten Anweisungen als ein bewusstes, göttliches Wesen kontaktieren.

Oh göttliches Wesen, das bisher unter dem Namen ... gelebt hat, höre mir unabgelenkt zu! Fürchte dich nicht! Stelle dir eine der Qualitäten Gottes vor, zum Beispiel Liebe. Richte deine Aufmerksamkeit auf diese Qualität und halte sie dort. Nimm Zuflucht zu Gott oder zu einem göttlichen Wesen, das für dich die Wahrheit verkörpert. Halte deine Aufmerksamkeit unabgelenkt auf diesem Wesen. Wenn du jetzt eine Erfahrung Gottes, Shivas, Allahs, Buddhas oder Jesus machst, dann fürchte dich nicht. Konzentriere dich auf eine positive Eigenschaft Gottes wie Liebe oder Vergebung und gib dich vertrauensvoll in die Hände dieser göttlichen Kraft. Lass dein vergangenes Leben und jeden Gedanken an eine mögliche Zukunft los. Hier wird ein großes Opfer von dir verlangt, sei bereit, dieses Opfer zu bringen. Dadurch wirst du augenblicklich von allem Leiden erlöst und in die Glückseligkeit Gottes eingehen.

Alles, was du jetzt erfahren wirst, ist dein eigener Geist! Dies ist die Kernaussage aller Anweisungen, die ich dir nun geben werde. Vergiss das nicht! Halte diese Information in deinem Bewusstsein und denke diesen Gedanken:

„Ich werde jetzt sehr wichtige Erfahrungen machen. Diese Erfahrungen entspringen meinem eigenen Geist und ich werde sie als meine eigenen Schöpfungen erkennen. Weder werde ich an den schönen Visionen haften, noch werde ich die schrecklichen fürchten, sondern sie alle als Manifestationen meines eigenen Geistes erkennen."

Wenn es dir zu diesem Zeitpunkt nicht gelingt, die Wahrheit (Gott) zu erkennen und dich ihr hinzugeben, dann werden Dinge auftauchen, die sich wegen der früheren Verneinung dieser Wahrheit in deinem Geist ansammeln konnten. Nun musst du ihnen ins Angesicht blicken. Erkenne, dass die auftauchenden Erfahrungen deine eigene Schöpfung sind. Wahre diese Erkenntnis und du wirst Befreiung erlangen.

Sprechtext

Nachdem du die große Klarheit des unbewegten Geistes erfahren hast, wird der Ozean des Geistes jetzt wieder in Bewegung geraten. Diese Bewegungen werden dir wie das Herannahen einer großen Armee erscheinen oder wie das Heraufziehen eines Unwetters. Du wirst dich sehr unbehaglich und verängstigt fühlen. Gerate nicht in Panik! Sei ohne Furcht! In deiner jetzigen Existenz bist du unsterblich. Du kannst sie nicht verlieren. Du hast keinen materiellen Körper. Nichts kann dich verletzen und du kannst nicht sterben. Entspanne dich und erkenne, dass du dich im Zustand des Nach-Tods befindest. Geh voran und erkenne, dass du der Wirklichkeit deines eigenen Geistes begegnest.

Die Entstehung des *universellen* Geistes oder die Schritte der Schöpfung

Gelingt es der Seele nicht, sich der Wahrheit zu stellen und sich ihr hinzugeben, dann entsteht eine Bewegung in ihrem Geist und sie erwacht in der ersten Wahrheitserfahrung.

Die Entstehung von Energie

Oh göttliches Wesen, das bisher unter dem Namen ... gelebt hat, konzentriere dich auf das, was ich dir jetzt sage. Fürchte dich nicht!

Du warst bewusstlos und findest dich jetzt inmitten von allem wieder, was du bisher als Wirklichkeit angesehen hast, und realisierst, dass dies alles Gott ist. Die Allgegenwart Gottes, die um dich herum erstrahlt, ist so überwältigend, dass du es kaum ertragen kannst. Gleichzeitig erfährst du einen Zustand von völlig klarem Bewusstsein, von Allwissenheit, Glückseligkeit und von Klarheit. Ohne darüber nachdenken zu müssen, verstehst du die Wahrheit aller religiösen Lehren.

Aber das Wissen, dass alles um dich herum Gott ist, wird dich auch in Angst und Schrecken versetzen, weil du gleichzeitig erkennst, dass aus deiner *Verneinung* dieser Wahrheit alles Leiden erwachsen ist. Diese Erkenntnis wird dich so sehr ängstigen, dass du dir wünschen wirst, wieder von Gott getrennt zu sein. Du möchtest flüchten, aber wohin solltest du gehen? Gott ist überall. Deine Furcht vor Gott erschafft vibrierende Energie. Und je mehr du versuchst zu flüchten, umso intensiver wird diese Energie. „Nie wieder werde ich Gott verleugnen!" Dieser Gedanke taucht auf und zieht dich an. Dieser Wunsch erscheint dir eine Lösung und Wiedergutmachung für dein vergangenes Versagen zu sein. Aber auch wenn dir dein Vorhaben nobel erscheint, gib dieser Versuchung nicht nach! Sie würde dich in die Existenz als ein von Gott getrenntes Wesen führen. Habe keine Furcht vor der vibrierenden Energie Gottes. Stelle dich deiner vergangenen Unwissenheit. Erinnere dich daran, dass du in Wirklichkeit nie von Gott getrennt warst noch jemals von ihm getrennt sein kannst, und gib dich trotz deiner Angst Gott hin. Sei dir bewusst, dass die vibrierende Energie das Resultat deiner Furcht ist, und öffne dich dem Göttlichen. Wenn du das tust, dann wird Gott in dich eintauchen und du wirst Befreiung erlangen.

Die Entstehung von Materie

Es ist der Seele wahrscheinlich nicht gelungen, sich Gott hinzugeben. So ist die Energie immer mehr angestiegen, bis sie es nicht mehr ertragen konnte und bewusstlos wurde. Jetzt hat sich die Energie verdichtet und die Seele erfährt Gott als kompakte Materie, die sie völlig umschließt. Gibt sie sich dieser Erfahrung hin, dann wird sie mit Gott eins werden. Verweigert sie sich, dann wird sie sehr leidvolle Erfahrungen machen. Kontaktiere das bewusste Wesen und gib ihm folgende Anweisung:

Oh Göttliches Wesen, das bisher unter dem Namen … gelebt hat, höre mir ohne Ablenkung zu. Nachdem du aus der Bewusstlosigkeit erwacht bist, erfährst du jetzt eine Empfindung großer Dichte. Es ist so, als sei das gesamte Universum eine sich in die Unendlichkeit ausdehnende, unbewegliche Kompaktheit. Auch du bist diese unbewegliche Kompaktheit und realisierst, dass Gott das gesamte Universum und auch seine Quelle ist. Dieser Zustand ist begleitet von Glückseligkeit und dem Gefühl vollständig erfüllter Beziehung mit allem. Du weißt, dass alles, was ist und was jemals war, aus dir selbst erwachsen ist und dass du durch einen einzigen Gedanken ein ganzes Universum erschaffen kannst. Dieses Wissen wird so leuchtend erstrahlen, dass du es kaum ertragen kannst.

Gleichzeitig erwacht in dir der Wunsch, dich zu bewegen und ein abgetrenntes, selbstverantwortliches Wesen zu sein. Wenn du jetzt versuchst, dich zu bewegen, dann wirst du bemerken, dass du völlig von fester Mate-

Sprechtext

rie umgeben bist. Du fühlst dich, als seiest du in Beton eingegossen, und wirst überflutet von intensiven Schmerzempfindungen. Diese Enge macht dich wütend, aber je mehr du versuchst, dagegen anzugehen, umso schmerzhafter werden die Empfindungen. So wandelt sich die Weite der Kompaktheit in eine unerträgliche, schmerzhafte Enge. Die Unbeweglichkeit erschrickt dich und du wirst wünschen, ihr zu entrinnen. Der Gedanke, getrennt zu sein, verspricht dir Erleichterung. Je mehr du aber versuchst, dich zu bewegen, umso schmerzhafter wird die Enge und deine Furcht wächst immer mehr an. So wird die Furcht dich dazu treiben, dich von der Wahrheit abzuwenden. Fürchte weder die Schmerzen noch die Bewegungslosigkeit! Wenn du dem Wunsch, den Schmerzen zu entfliehen, nachgibst, dann kommst du in Gefahr, als materielles Wesen wiedergeboren zu werden und großes Leiden ertragen zu müssen. Erkenne, dass die Verneinung Gottes die Ursache allen Leidens ist, und übergib dich der Bewegungslosigkeit der göttlichen Kompaktheit. Wende dich voller Hingabe Gott zu und bitte darum, dir den Mut und die Kraft zu geben, dich der Enge und den schmerzhaften Empfindungen zu stellen. Wenn du dich jetzt hingibst, dann wirst du mit Gott verschmelzen und den Zustand der Glückseligkeit und der Befreiung erreichen.

Die Entstehung von begrenzter Materie (Masse)

Gelingt es der Seele wegen ihres Wunsches nach einer gesonderten Existenz nicht, die Bewegungslosigkeit und die schmerzhaften Empfindungen als Manifestationen ihres eigenen Geistes zu erkennen und sich ihnen hinzugeben, so wird sie mit der Erfahrung der Gleichheit aller Wesen und mit materiellen Versuchungen konfrontiert. Kontaktiere das bewusste Wesen und gib ihm folgende Anweisungen:

Oh Göttliches Wesen, das bisher unter dem Namen ... gelebt hat, höre mir ohne Ablenkung zu. Du erfährst dich jetzt als abgetrennte, materielle Wesenheit in Beziehung zu anderen materiellen Wesenheiten, die genauso sind, wie du selbst. Dies ist begleitet von dem unumstößlichen Wissen, dass alle Wesen gleich sind, und von der Erfahrung, dass du sie so liebst, wie sie sind. Du bist wie andere und andere sind genau wie du. Die Erfahrung der Gleichheit durchflutet dich mit überwältigender Kraft.

Sprechtext

Es erwacht in dir aber auch der Wunsch, dich von anderen zu unterscheiden. Durch dieses Begehren entsteht eine große Furcht vor der Erfahrung von Gleichheit und du wirst versuchen, ihr zu entgehen. Andere erscheinen dir bedrohlich, so, als würdest du vergehen, wenn du dich der Gleichheit mit ihnen öffnest. Du willst nicht in Gleichheit vergehen, sondern wirst versucht sein, dich vor anderen zu schützen, indem du mehr Masse besitzt als sie.

Habe keine Furcht vor der Erfahrung von Gleichheit. Erkenne, dass das Verlangen nach mehr Masse aus den trüben Tiefen des Egoismus erwächst und dass dieser Egoismus dich von anderen Wesen und von der Wahrheit trennt. Er lässt dich vor der Erfahrung der Gleichheit aller Wesen zurückschrecken und zieht dich zum Zustand der Trennung hin. Erkenne, dass das Wissen um die Gleichheit aller Wesen deinem eigenen inneren Wesen entspringt. Gib dich diesem Wissen hin, habe keine Furcht! Öffne dich dieser Wahrheit und du wirst den Zustand der Glückseligkeit und der Befreiung erlangen.

Die Entstehung von Raum

Gelingt es der Seele nicht, die Gleichheit aller Wesen zu realisieren und sich ihr hinzugeben, dann erfährt sie jetzt eine Situation, in der sich alle Wesen in ihrer Masse voneinander unterscheiden. Gleichzeitig weiß sie, dass alle Wesen trotz ihrer gesonderten Existenz völlig perfekt sind. Aber sie wird auch mit Besitzgier und Geiz konfrontiert. Kontaktiere das bewusste Wesen und gib ihm folgende Anweisungen:

Oh Göttliches Wesen, das bisher unter dem Namen … gelebt hat, höre mir unabgelenkt zu. Als nächstes wirst du mit der Erfahrung konfrontiert, dass alle Wesen sich voneinander unterscheiden und dass doch jedes Wesen in seiner gesonderten Existenz vollkommen und perfekt ist. Du bist in einem Zustand, in dem du nichts von anderen begehrst, ganz in dir ruhst, selbstlos und freigiebig bist. Du kannst jedes Wesen und auch dich selbst akzeptieren und lassen, wie es ist. Ein unbegrenztes Mitgefühl mit anderen wird dich so strahlend überkommen, dass du es kaum aushalten kannst.

Aber im Angesicht dieses uneingeschränkten Mitgefühls taucht auch die Begierde auf, mehr Materie haben zu wollen als andere und sie festhalten zu wollen. Deine Besitzgier wird dich im Angesicht der strahlenden Erfahrung

Sprechtext

unbegrenzten Mitgefühls in große Furcht versetzen. Habe keine Furcht, sondern öffne dich dem Wissen um die Perfektion eines jeden Wesens. Lasse dich durch die Furcht nicht dazu treiben, der Gier nach Besitz und der Anhaftung an ihn nachzugeben. Öffne dich der Erfahrung, dass jedes Wesen, auch du, trotz seiner gesonderten Existenz perfekt ist und dass diese Perfektion alle Wesen miteinander verbindet. Erkenne, dass dieses herrlich strahlende Mitgefühl deinem eigenen inneren Wesen entspringt. Wenn du dies erkennst, dann wirst du mit dem Göttlichen verschmelzen und Befreiung erlangen.

Die Entstehung von Zeit

Ist es der Seele nicht gelungen, sich der Perfektion aller Wesen zu öffnen, dann erfährt sie jetzt eine Situation, in der sich alle Wesen ihrer Form nach voneinander unterscheiden. Zuerst macht sie eine Erfahrung von völliger Ruhe und Gleichmut. Aber dann wird sie mit einem mächtigen Gefühl von Neid konfrontiert. Um die verstorbene Person hier zu unterstützen, konzentriere dich auf das bewusste Wesen und gib folgende Anweisungen:

Oh Göttliches Wesen, das bisher unter dem Namen … gelebt hat, höre mir unabgelenkt zu. Du wirst jetzt die Erfahrung von absolutem Gleichmut machen, in dem du dich weder in deinem Wesen noch durch deine Masse von anderen unterscheiden willst. Du bist weder an die Vergangenheit noch an die Zukunft gebunden, sondern ruhst völlig unbewegt im ewigen Jetzt. Andere sind da, aber du verspürst weder Anziehung noch Abneigung zu ihnen, weder willst du ihnen nahe noch von ihnen entfernt sein. Jede Beziehung ist erfüllt und du ruhst in dir selbst. Dieser Zustand ist herrlich, angefüllt mit Glückseligkeit, wie ein unbewegtes Meer.

Gleichzeitig mit der Erfahrung völligen Gleichmuts tauchen aber auch überwältigende Gefühle von Neid und Selbstsucht auf. Dein Neid und deine Besitzgier werden dich im Angesicht der strahlenden Erfahrung völligen Gleichmuts in große Furcht versetzen. Habe keine Furcht, sondern öffne dich der Erfahrung unbegrenzten Gleichmuts. Wenn du dich dem Neid zuwendest, dann wirst du wieder als menschliches Wesen dem Leiden und der Vergänglichkeit unterworfen sein. Erkenne, dass Gleichmut dein eigenes inneres Wesen ist und öffne dich dafür. Wenn du das erkennst und dich ihm hingibst, dann wirst du in diesen Zustand eintauchen, damit verschmelzen und Befreiung erlangen.

Der Zustand klaren Wissens und die Entstehung des *kollektiven* Geistes.

Wenn die verstorbene Person sich nicht den Erfahrungen von Wahrheit hingeben konnte, ist ihr Geist weiter verformt worden. Mit jeder Verneinung wurde eine neue Ebene der materiellen Welt erschaffen, bis die Seele sich wieder als menschliches Wesen erfährt. Jetzt wird sie mit einer neuen, machtvollen Erfahrung konfrontiert. Alle vorherigen Wahrheitserfahrungen erscheinen gleichzeitig. Diese Erfahrung ist sehr verwirrend und beunruhigend. Richte deine Aufmerksamkeit auf die verstorbene Person als ein bewusstes Wesen und leite sie folgendermaßen an:

Oh göttliches Wesen , das bisher unter dem Namen … gelebt hat, höre mir unabgelenkt zu. In deinem Geist sind nacheinander die verschiedenen göttlichen Manifestationen erschienen und du hast versucht, dich ihnen zu stellen. Infolge deiner mangelnden Bereitschaft, sie als Aspekte deines eigenen inneren Wesens anzunehmen und dich ihnen ohne Angst hinzugeben, wurdest du durch sie erschreckt und geängstigt und bist bis jetzt hier geblieben.

Jetzt tauchen alle vorherigen Wahrheitserfahrungen gleichzeitig und gemeinsam vor dir auf. In dieser überwältigenden Erfahrung von Wahrheit verstehst du jeden Aspekt der Schöpfung. Du bist durchdrungen von dem Wissen, dass die gesamte Schöpfung in Wahrheit Gott ist und dass auch du selbst das Göttliche bist. Gleichzeitig aber wirst du wissen, dass jeder Teil der Schöpfung aus deiner *Verneinung* dieser Wahrheit entsprungen ist.

Während der Erfahrung dieser göttlichen Wahrheiten wird in dir das Wissen erwachen, dass dein früheres Handeln immer von dem Wunsch verursacht wurde, etwas im Leben zu bewirken. Gleichzeitig wirst du erkennen, dass du dabei ständig Gott abgelehnt hast und dass es letztendlich immer um deinen eigenen Vorteil ging. Diese Einsichten werden dich verwirren, aber diese Verwirrung wird dir angenehmer erscheinen, als weiter über diese Aspekte deines vergangenen Handelns nachzudenken. Du wirst dir wünschen, unwissend zu sein, aber der einsetzende Erkenntnisprozess ist nicht zu stoppen. Was hat dich in deinen vergangenen Leben getrieben? War es nicht letztlich nur Egoismus? Erkenne, dass auch diese Verwirrung Teil deines eigenen Wesens ist und dich nicht verletzen kann. Gib dich inmitten deiner Verwirrung vertrauensvoll dem Göttlichen hin.

Oh Göttliches Wesen, höre mir unabgelenkt zu. Gleichzeitig mit den Manifestationen der Wahrheit (oder Ebenen des Geistes) erscheinen dir jetzt ihre positiven Aspekte, verbunden mit dem Wissen, welches Handeln dich auf jeder dieser Ebenen zur Befreiung führen kann. Du wirst durchdrungen sein von Wissen und Stärke und wirst den Wunsch verspüren, ein guter Mensch zu sein, andere zu lehren und ihnen zu helfen. Erkenne, dass diese positiven Erscheinungen aus dir selbst entspringen, dass sie Teil deiner eigenen Natur sind. Hafte ihnen nicht an. Entscheide dich, Befreiung von allen Aspekten des Geistes zu erlangen und stattdessen in das Göttliche einzugehen.

Du wirst von zahllosen unterschiedlichen Visionen und Seins-Zuständen überflutet und inmitten dieser überwältigenden Erfahrungen beginnst du die Wahrheit des Seins zu verstehen. Du begreifst, dass alles, was du je getan hast, auch wenn es gut und zum Besten aller war, letztendlich Illusion und Leiden hervorgebracht hat. Du wirst beginnen, dich zu fürchten, und versuchen, diesem Wissen zu entgehen. Es wird dich verlocken, wieder unwissend zu sein. Wende dich aber nicht der Unwissenheit zu! Habe keine Furcht vor dem klaren Wissen und erkenne es als deine eigene innere Weisheit. Flüchte nicht, sondern stelle dich deiner Furcht. Auch wenn dein Anliegen positiv und reinen Herzens ist, erschafft es doch wieder die Schöpfung und ist somit auch die Quelle von Leiden. Bleib ruhig! Was auch immer geschehen mag, habe keine Furcht. Lass dich weder von positiven Erscheinungen anziehen noch fürchte die negativen. Gib dich rückhaltlos dem Göttlichen hin und du wirst Befreiung erlangen.

> Wenn es der verstorbenen Person nicht gelungen ist, sich den positiven Aspekten gegenüber neutral zu verhalten und Befreiung zu erlangen, dann werden ihr jetzt die negativen Aspekte der fünf Ebenen des Geistes begegnen. Sie sind die Oppositionen, die Begleiter der positiven Aspekte. Diese Erfahrungen sind sehr furchterregend und es bedarf großer Kraft und Hingabe, sich ihnen zu stellen. Konzentriere dich auf das bewusste Wesen und gib ihm jetzt folgende Anweisungen:

Sprechtext

Oh Göttliches Wesen, das bisher unter dem Namen … gelebt hat, höre mir jetzt gut zu. Es werden dir jetzt die negativen Aspekte deines Geistes erscheinen. Furchterregend und schrecklich überwältigen dich jetzt seine dunklen Seiten. Mit ihnen tauchen Erinnerungen an unzählige Seinszustände und Existenzen von dir auf, in denen du egoistisch und eigennützig gehandelt und das Wohl anderer missachtet hast. Alle dunklen Aspekte des Geistes fluten auf dich herein: Hass, Geiz, Selbstsucht, Unwissenheit, Bösartigkeit, Gier, Neid und Stolz in ihrer schrecklichsten Form, die dich vor Grauen und Scham erstarren lassen. Je mehr du vor ihnen fliehen willst, umso größer und schrecklicher wachsen sie vor dir auf. Fürchte dich nicht! Gerate nicht in Panik! Erkenne, dass diese Erscheinungen Manifestationen deines eigenen Geistes sind. Alle Seinszustände des Geistes existieren in enger Verbindung mit ihren Gegenteilen. Erkenne, dass diese Furcht erregenden Manifestationen die Geschwister der positiven Seinszustände deines Geistes sind! Versuche sie als Manifestationen deines eigenen Geistes anzunehmen. Wenn du sie nicht als Ausdruck deines eigenen Geistes annehmen kannst, sondern versuchst, vor ihnen zu flüchten, dann werden ihre Erscheinungsformen so intensiv und schrecklich werden, dass du in ihnen deinen Tod sehen wirst. Dadurch wird deine Panik noch mehr anwachsen, bis du in eine tiefe Bewusstlosigkeit fällst. Wenn du dich den negativen Aspekten aber furchtlos stellst und sie annimmst, dann wirst du erkennen, dass all diese Erscheinungen aus dir selbst heraus entstehen. Wenn du selbst die Quelle all dieser Erscheinungen bist, wovor solltest du noch Angst haben? Wenn du erkennst, dass du selbst es bist, der diese Aspekte hervorbringt, dann werden sie zu deiner Stärke werden. Auch wenn sie so groß werden wie die gesamte Schöpfung, wirst du mit ihnen verschmelzen und Befreiung erlangen können. Wenn die Angst vor dem Tod dein gesamtes Bewusstsein ausfüllen sollte, dann denke daran, dass diese Angst keine materielle Grundlage hat. Du bist bereits gestorben, deshalb kann die Existenz, die du jetzt erlebst, nicht sterben. Wende dich Gott zu, gib dich ihm völlig hin und denke:

> „Oh, mein Gott, ich gebe mich Dir hin. Führe mich durch diese Dunkelheit in das ewige Licht. Diese Erscheinungen sind nur Weggefährten, Erfahrungen auf dem Weg zu Dir. Verlasse mich nicht. Gib mir die Kraft, mich diesen schrecklichen Erfahrungen, die aus mir selbst entstehen, zu stellen und dadurch eins mit Dir zu werden".

Sprechtext

Wenn es der verstorbenen Person nicht gelungen sein sollte, sich den intensiven Erfahrungen der positiven und negativen Aspekte des Geistes zu stellen, dann wird sie von Panik und Furcht getrieben in eine tiefe Bewusstlosigkeit fallen, aus der sie nach einiger Zeit wieder erwacht. Sie ist nicht nur wieder mit einem Körper identifiziert, jetzt hat sich auch wieder die Person, die Grundstruktur des kollektiven Geistes gebildet. Jetzt muss die Person sich der Realität ihres Todes stellen. Sie ist auf dem Weg zur Wiederverkörperung und wird weitere beunruhigende Erfahrungen machen. Sprich die verstorbene Person jetzt mit ihrem vergangenen Namen an. Um ihr zu helfen, werden ihr folgende Anweisungen gegeben:

Die Formung der *individuellen* Persönlichkeit und die Suche der Wieder-Verkörperung

… (Name) …, höre mir gut zu. Du hast die Erfahrungen Gottes und die schönen und schrecklichen Erfahrungen des Nach-Tods bisher nicht als deine eigenen Manifestationen erkannt und aus Panik dein Bewusstsein verloren. Jetzt, nachdem du wieder zu dir gekommen bist, entstand von einem Moment zum anderen ein Körper, der deinem früheren Körper sehr ähnlich ist und der die gleichen Möglichkeiten der Sinne bietet, sich aber überall hin bewegen kann. Auch die individuelle Persönlichkeit deiner vergangenen Existenz hat sich wieder gebildet. Der Körper, den du jetzt hast, verfügt über übernatürliche Kräfte, wie der Körper, den du im Traum innehattest. Je nachdem, welches in deinem früheren Leben deine Vorlieben, Wünsche und Einstellungen waren, erscheinen dir jetzt unterschiedliche Bereiche des Seins.

Du wirst beginnen, Visionen über deinen zukünftigen Geburtsort zu haben. Anstatt dich von diesen Visionen über den Platz deiner Wiedergeburt mitziehen zu lassen, entspanne deinen Geist, unabgelenkt in einem Zustand von Nicht-Tun und Nicht-Bemühen. Halte deinen Geist in einer ungeformten Leere und du wirst befreit sein von dem Zwang, einen Körper besitzen zu müssen, zu dem dich deine vergangenen Erfahrungen und deine Wünsche hinziehen.

Sprechtext

... (Name)..., höre mir sorgfältig zu. Auch wenn dein Körper zu Lebzeiten blind, taub, gelähmt oder anders beeinträchtigt war, so wird der Körper, den du jetzt hast, alle seine Sinne unbeeinträchtigt in bester Verfassung und vollständig besitzen. Nimm dies als einen Hinweis, dass du gestorben bist und in den Phänomenen des Geistes herumwanderst. Du hast einen Körper, der deinem früheren Körper gleicht. Er ist ausgestattet mit allen Sinneskräften, mit der Macht ungehinderter Bewegung, im Besitz wunderbarer, mentaler Kräfte, sichtbar für die Augen reiner, himmlischer Wesen von ähnlicher Natur. Dies ist eine Beschreibung deines jetzigen Zustandes. Uneingeschränkte Bewegung bedeutet, dass dein jetziger Körper ein Wunschkörper ist und dass du die Macht hast, durch jegliche Wand, durch jeglichen Berg oder durch sonstige physische Barrieren hindurchzugehen. Du bist befähigt zu wunderbaren Handlungen. Du kannst in einem einzigen Augenblick zu jedem Fleck der Welt reisen. Du kannst alles, was du dir wünschst, vor dir erscheinen lassen. Sichtbar für die Augen reiner himmlischer Wesen ähnlicher Natur bedeutet, dass allein Wesen, die sich in einem ähnlichen Zustand befinden wie du, die Fähigkeit besitzen, deinen jetzigen Körper zu sehen. Anstatt dich aber mit diesen Wesen zu beschäftigen, ignoriere sie und halte deine Aufmerksamkeit in einem Zustand klarer Gedanken. Dort, wo du jetzt bist, wird Tag und Nacht ein schwaches, graues Licht herrschen. Das ist das natürliche Licht aller Dinge und es breitet sich überall aus.

Je nach Art deiner vergangenen Handlungen wirst du nun viele schwierige und verwirrende Phänomene erleben. Fürchte dich nicht vor dem, was du sehen wirst – es ist alles dein eigener Geist. Den Menschen, die im vergangenen Leben viele böse Dinge getan haben, werden all ihre schlechten Handlungen selbst widerfahren. Sie werden Furcht und Angst bekommen und versuchen zu fliehen, ohne auf die Richtung zu achten, die sie dabei einschlagen. Drei Abgründe werden ihren Weg blockieren. Es sind dies Zorn, Begehren und Unwissenheit, die als weiße, schwarze oder rote Abgründe erscheinen. Das Fallen in diese Abgründe fühlt sich tatsächlich genauso an wie das Fallen in einen Mutterschoß, um geboren zu werden. Sollte dir dies widerfahren, so denke das Folgende: „Ich werde in eine glückliche Welt geboren werden." Halte diesen Gedanken aufrecht. Andere Menschen, die in der Vergangenheit viele gute Handlungen vollbracht haben, werden wunderbare Freuden und erfülltes Glück erleben. Und jene, die weder gute noch schlechte Taten vollbracht haben, werden weder leiden

Sprechtext

noch werden sie Freude erleben. Sie werden einen farblosen Zustand der Langeweile erfahren. Ganz gleich, welchen Zustand du erfahren wirst, fürchte dich nicht, verweile aber auch nicht bei den Wünschen und den Freuden. Sondern denke: „Ich gebe mich der Wahrheit von allem hin."

Halte diesen Gedanken aufrecht, ohne zu denken, dass du denkst. In kurzen Ruheperioden wirst du von den Phänomenen deines Geistes verschont, aber schon bald wird dein Geist dich wiederum in Wanderungen forttragen. Durch deine Unfähigkeit, Kontrolle über deine Gedanken auszuüben, wirst du dich oft beunruhigt fühlen, ängstlich oder verwirrt sein. Du wirst denken: „Ich bin tot, was soll ich nur tun?" Als Resultat dieser Gedanken wirst du traurig sein und ein Gefühl von großem Verlust und großem Elend erfahren. Da du dich nicht an einem bestimmten Platz niederlassen kannst, fühlst du dich genötigt, weiterzugehen. Denke nicht über diese Dinge nach, sondern erlaube deinem Geist, in einem ungeformten Zustand zu verbleiben.

Du wirst an dein Zuhause denken und wieder dort sein. Du wirst deine Verwandten sehen und deinen eigenen toten Körper und du wirst denken: „Jetzt bin ich tot, was soll ich nur tun?" Von großem Kummer niedergedrückt wird dir der Gedanke kommen: „Was würde ich nicht alles geben, um einen Körper zu besitzen!" Mit diesem Gedanken im Geist wirst du herumwandern und einen Körper suchen. Aber selbst wenn du einen Körper finden würdest, handelst du dir nichts als Schwierigkeiten ein. Stelle den Wunsch nach einem Körper beiseite und halte deinen Geist in einem ungeformten Zustand. Während du dies aufrechterhältst, wirst du Befreiung erlangen.

... (Name) ..., falls du jetzt leidest, so wird dieses Leiden durch deine eigene Handlungen im vergangenen Leben verursacht, für die du nicht gewillt warst, Verantwortung zu übernehmen. Es wird nicht von irgendjemand anderem verursacht. Denke dann daran, dass deine eigene Gutheit immer in dir ist, ganz gleich, durch was du vielleicht gehen wirst.

Die Zeit der Läuterung

Jetzt beginnt die Betrachtung all deiner guten Taten im Vergleich zu deinen üblen Taten. Wenn deine üblen Taten in deinem Bewusstsein auftauchen, wirst du versucht sein, sie zu rechtfertigen oder zu lügen. Du wirst sagen: „Ich habe keine bösen Taten vollbracht" oder „Ich war gezwungen das zu tun" oder „Letztendlich war es das Beste so". Dann aber werden die genauen Erinnerungen an deine Taten und an ihre Folgen auftauchen und das Lügen wird sinnlos werden. Aus Angst, dass du deshalb nun selbst Böses erfahren musst, wirst du versuchen, dich zu rechtfertigen, und du wirst lügen. Da aber die Erinnerungen daran, wie es wirklich war, unausweichlich in deinem Bewusstsein erscheinen, erzeugt gerade deine Furcht vor Leiden immer neue Formen des Leidens. Da dein jetziger Körper ein geistiger Körper ist, der nicht sterben kann, wirst du vielleicht unendliches Leiden erfahren, ohne dass die Hoffnung bestünde, dass dich der Tod hieraus erlösen würde.

Fürchte diese Dinge nicht, dir kann nicht wirklich etwas geschehen. Dein jetziger Körper ist ein Gebilde aus dem Nichts. Stehe zu all deinen vergangenen Taten, rechtfertige nichts und nimm das Leiden an, dass letztendlich du selbst dir auferlegt hast. Wenn du rückhaltlos bereit bist, den Zustand allen Seins als von dir selbst verursacht anzunehmen, dann wird alles Leiden enden und du wirst Befreiung erlangen. Richte deine Aufmerksamkeit auf das Göttliche. Rechtfertige dich nicht und nimm das Leiden hin. Erkenne, dass das Leiden, das du jetzt erfährst, aus deinem Versuch erwächst, ihm zu entrinnen. Opfere dich und nimm die Qualen der Höllenwelten an, in dem Wissen, dass all dies aus dir selbst entspringt. Wenn du in Gedanken an Gott dieses Leiden auf dich nimmst und dich hingibst, dann wirst du Glückseligkeit und Befreiung erlangen.

> Wenn es der verstorbenen Person nicht gelungen ist, dieses Selbstopfer zu vollziehen, dann wird sie nach einer Zeit der Bewusstlosigkeit weiter durch die Phänomene des Nach-Tods wandern. Sie hat durch die Läuterung ihre vergangenen Leben und fast auch ihr gesamtes letztes Leben vergessen. Gib ihr jetzt folgende Anweisungen:

Name ..., höre mir jetzt ohne Ablenkung zu. Der *wahre* Zustand des Geistes, den du gerade erfährst, ist Leere. Diese Leere ist verbunden mit Allwissenheit. Dieses Wissen unterscheidet erleuchtete Wesen von allen anderen. Sei nicht abgelenkt, da du jetzt Erleuchtung erlangen kannst.

Jetzt werden dir fünf verschiedene Zustände begegnen:

Sprechtext

1. ein Seinszustand, in dem du aus Unwissenheit sehr zufrieden mit dir bist und dich nicht verändern willst,
2. ein Seinszustand, in dem du anders sein willst, als du bist,
3. ein Seinszustand, in dem du dein Glück in materiellem Besitz suchst,
4. ein Seinszustand, in dem Angst oder Wut vorherrschen und
5. ein Seinszustand, in dem du nichts von dir hergeben willst.

Diese unterschiedlichen Seinszustände werden versuchen, dich zu verschiedenen Arten von Wiedergeburt zu ziehen. Ignoriere sie alle und erkenne sie als Manifestationen deines eigenen Geistes. Dadurch lösen sie sich auf und alles, was bleibt, ist der ungeformte Geist. Auf diese Weise wirst du nicht wiedergeboren werden, sondern du wirst Befreiung erreichen.

Da du im Nach-Tod keinen festen Körper besitzt, ist dein Geist sehr beweglich. Deshalb kannst du dich jedweder Vorstellung hingeben, die dadurch große Kraft erhält. Es geht nun darum, deinen weiteren Weg positiv zu beeinflussen. Vermeide deshalb, dich negativen Tendenzen des Geistes zuzuwenden, konzentriere dich stattdessen auf seine tugendhaften Seiten. Sollte es dir nicht gelingen, dich den positiven Aspekten des Geistes zuzuwenden oder dich von allen Seinszuständen frei zu halten, dann denke an eine fähige und liebenswerte Person. Halte deine Aufmerksamkeit auf diese Person gerichtet. So wirst du, selbst wenn du wiedergeboren werden solltest, kein leidvolles Leben haben. Bete jetzt:

„Getrennt von allen, die ich liebte, irre ich einsam umher. Oh, göttliche Liebe, sei mit mir. Gott, hilf mir, mich meinem Leid zu stellen und es anzunehmen. Lass mich Dir vertrauensvoll entgegentreten und mich nicht vor Deiner Allmacht und Größe abwenden. Bitte schütze mich und nimm mich auf in dein Reich."

Bete ernsthaft und gib dich Gott hin. Wenn du das tust, dann wirst du Befreiung finden.

Der Prozess der Wieder-Verkörperung

… (Name) …, höre mir gut zu. Es werden jetzt Bilder deines vergangenen Lebens vor dir erscheinen. Du wirst deine trauernden Angehörigen sehen, wie sie ohne dich leben. Du wirst sehen, was mit deinem früheren Besitz geschieht und was deine Freunde tun. Da die Wahrheitserfahrungen

Sprechtext

und die Zeit der Läuterung dir noch sehr nahe sind, kannst du tief in ihre Herzen blicken, und all ihre Unvollkommenheiten und Vollkommenheiten entfalten sich vor dir. So wirst du von widersprüchlichen Gefühlen und Gedanken hin und her geworfen. Du wirst wütend werden, wenn du Unaufrichtigkeit erblickst und freudig auf Handlungen reagieren, die aus reiner Liebe geschehen. Du wirst sehen, wie dein vergangener Besitz verteilt wird, und Neid und Wut auf die neuen Besitzer werden in deinem Herzen aufwallen. Misstrauen gegen deine Angehörigen und Freunde werden Ärger und Furcht in dir erzeugen. Folge diesen negativen Gedanken und Gefühlen nicht, sondern entscheide dich, die Dinge positiv zu betrachten. Erkenne, dass alle Betrachtungsweisen Reflexionen deines eigenen Geistes sind. Erzeuge vertrauensvoll und voller Hingabe in dir eine reine Einstellung allem und jedem gegenüber. Konzentriere dich auf deine positiven Seiten, anstatt dir deine negativen Seiten ins Bewusstsein zu rufen. Auf diese Weise vermeidest du es, in einer leidvollen Existenz wiedergeboren zu werden. Falls du nichts Positives bei dir finden kannst, wende dich vertrauensvoll Jesus, Buddha oder einer anderen Person zu, die göttliche Tugenden für dich verkörpert, und bitte sie darum, dir zu helfen und dich zu unterstützen.

... (Name) ..., solltest du bisher noch nicht verstanden haben, was mit dir passiert, dann wird jetzt deine vorherige Existenz immer mehr verblassen und deine zukünftige Existenz wird immer mehr hervortreten. Da du den Leiden des Nach-Tods entfliehen willst, wirst du die Tendenz haben, irgendeinen Körper anzunehmen. So taumelst du hin und her, während dir die sechs Wünsche der Existenz erscheinen:

der Wunsch, zu sein,
der Wunsch, allein zu sein,
der Wunsch, in Distanz zu anderen zu sein,
der Wunsch, Dinge zu haben,
der Wunsch, auf bestimmte Weise zu sein und
der Wunsch, verursachend zu sein.

Der Bereich der Existenz, der dich am meisten anzieht, wird am deutlichsten in deinem Bewusstsein erscheinen. Zu diesem Zeitpunkt solltest du den Einfluss, der dich am stärksten anzieht, als Gott ansehen. Du solltest die Vorstellung, dass dieser Einfluss Gott ist, immer in deinem Bewusstsein halten. Wenn es in deinem Leben einen religiösen Lehrer, einen Heiligen oder eine sehr tugendhafte Person gegeben hat, dann richte deine ganze

Sprechtext

Aufmerksamkeit auf diese Person. Erkenne, dass alles Gott ist, und lasse deinen Beschützer und alles, was ist, zu Gott verschmelzen. Führe dies so lange immer wieder durch, bis sich alles in Gott verwandelt hat und du Befreiung erlangst.

Falls es dir bisher nicht gelungen ist, Befreiung zu erlangen, dann wirst du jetzt entsprechend deiner vergangenen Anlagen unterschiedliche friedvolle oder Furcht einflößende Visionen haben. Zu diesem Zeitpunkt mehren sich die Zeichen der Art und Weise deiner nächsten Existenz.

Das Folgende sind verschiedene Methoden, um dich von der Geburt in einem Körper, den du nicht selbst gewählt hast, abzuhalten:

1. Sei ernsthaft und habe eine reine Neigung zum Leben. Halte diesen Gedanken aufrecht. Wenn du darin erfolgreich bist, dann wirst du nicht in einem unerwünschten Körper geboren werden. Sollte es dir aber nicht gelingen, diesen Gedanken aufrecht zu halten, so wirst du mentale Bilder von Männern und Frauen in sexueller Vereinigung sehen.

2. Wenn dies geschieht, dann halte dich zurück. Gehe nicht zwischen den Mann und die Frau. Halte diese Zurückhaltung aufrecht und du wirst nicht in einem unerwünschten Körper geboren werden. Wenn es dir aber nicht gelingt, dich zurückzuhalten, so wirst du spüren, wie du in einen Mutterschoß eintrittst und du wirst Gefühle von Zuneigung und Widerwillen spüren.

3. Wenn du mit einem männlichen Körper geboren wirst, dann empfindest du dem Vater gegenüber einen intensiven Widerwillen und eine Anziehung hin zur Mutter. Wenn du mit einem weiblichen Körper geboren wirst, dann empfindest du der Mutter gegenüber einen starken Widerwillen und eine Anziehung hin zum Vater. Sei aber weder von Vater noch von Mutter angezogen, noch abgestoßen, sondern halte in deinem Geist ein neutrales Gefühl beiden gegenüber aufrecht. So wirst du nicht in einem unerwünschten Körper geboren werden.

4. Sollte dir dies nicht gelingen, so wirst du wahrscheinlich Halluzinationen von lauten Tönen und von vielleicht ängstigenden Erscheinungen haben. Erkenne dann, dass es sich dabei lediglich um Phänomene deines Geistes handelt und diese wie Träume sind. Ignoriere sie und sie werden sich auflösen. Wenn du sie erfolgreich ignorieren kannst, dann wirst du

nicht in einem unerwünschten Körper geboren werden. Gelingt es dir nicht, diese Halluzinationen zu ignorieren, so gibt es eine letzte anwendbare Methode:

5. Denke diesen einen Gedanken: „Alles ist mein eigener Geist! Alles ist mein eigener Geist!" Durch die Aufrechterhaltung dieses Gedankens wird es deinem Geist möglich sein, in einem unerschaffenen, formlosen Zustand zu ruhen. Der Erfolg wird sein, dass du von einem unerwünschten Körper freibleiben wirst.

... (Name) ..., wenn es aber sicher für dich ist, geboren zu werden, dann wähle jetzt den Kontinent und das Land deines Geburtsplatzes. Wünsche dir, in einem Land mit spirituellem Fortschritt geboren zu werden. Du wirst den treibenden Zwang verspüren, dem Geist zu entfliehen und einen manifesten Körper betreten zu wollen. Ignoriere jedoch diese zwanghaften Wünsche, damit du die Macht erlangst, einen Körper deiner Wahl zu bestimmen. Man kann dabei zwischen zwei Wegen wählen:

1. Wahre den Gedanken im Geist, dass du unter spirituell gesinnten Menschen mit weisem Verstehen bist.

2. Stelle dir die Art von Person vor, die du sein möchtest, und wahre diese Vorstellung in deinem Geist. Gehe nur in einen Körper, für den du weder Abstoßung noch Anziehung empfindest. Wähle einen Körper, dem gegenüber du ein Gefühl völliger Unvoreingenommenheit hast.

Sollte es dir aber unmöglich sein, dich von Anziehung oder Abstoßung freizuhalten oder von den Wünschen, gut oder schlecht zu sein, so stelle dir das fähigste Wesen vor, das du dir vorstellen kannst, und halte deine Gedanken auf dieser Identität. Richte deine ungeteilte Aufmerksamkeit auf dieses Wesen und erkenne, dass *du* das bist.

Die Sterbebegleitung

Es gibt heutzutage sehr viele Bücher, die sich ausführlich mit den unterschiedlichen Weisen von Sterbebegleitung auseinandersetzen. Wir beschränken uns in diesem Kapitel auf einen bestimmten Aspekt dieses Themas, auf unsere *Beziehung* zur sterbenden Person. Wir werden erläutern, wie unser *Kontakt* mit dem Sterbenden sein sollte, so dass es möglich wird, sein Leiden im Sterbeprozesses zu lindern und ihm zu helfen, das Leben leichter loszulassen.

Je mehr ein Mensch selbst mit seinem Körper oder seiner Persönlichkeit identifiziert ist, umso schwerer wird es ihm fallen, anderen Menschen während ihres Sterbeprozesses zu helfen. Die weisen Menschen eines jeden Zeitalters sagen, dass wir nicht der Körper sind und nicht die Persönlichkeit, sondern dass wir ewige, unsterbliche, göttliche Wesen sind. Wir sind spirituelle Wesen, zwar identifiziert mit Körper und Geist, selbst aber frei davon. Wir selbst sind nicht unser Körper, wir *haben* einen Körper. Wir sind auch nicht unsere Persönlichkeit, wir *haben* eine Persönlichkeit. Die Persönlichkeit – mit der Seele als göttlichem Kern – die Erinnerungen, die Gedanken und der Prozess des Denkens sind Teile des geformten Geistes. Wir sind nicht das, was wir mit dem Namen verbinden, den wir bekommen haben und mit dem wir aufgewachsen sind. Wir sind spirituelle, unsterbliche Wesen.

Im Zentrum der Persönlichkeit ist die Seele. Wir werden der Seele gewahr, wenn wir unserer eigenen Bewusstheit gewahr werden. In dem Maße, wie wir unserer eigenen Bewusstheit gewahr werden, in dem Maße können wir diesen bewussten Kern auch in allen anderen Wesen wahrnehmen. Dieser bewusste Kern ist die Grundlage von allem und ist jenseits von Körper und Persönlichkeit. Er ist das, was uns alle miteinander verbindet. Wenn wir einen Sterbenden unterstützen wollen, sich von Körper und Persönlichkeit zu lösen, dann sollten wir ihn als Seele, als bewusstes Wesen kontaktieren und uns selbst als bewusstes Wesen zu ihm als einem bewussten Wesen in Beziehung setzen.

Um die Fähigkeit zu entwickeln, das bewusste Wesen in uns und in anderen zu kontaktieren, stellen wir hier eine kleine Übung vor. Schließe für einige Sekunden deine Augen. Stelle dir mit geschlossenen Augen eine Katze vor, irgendeine Katze. Siehst du die Katze? Diese Katze ist Teil deines Geistes. Ganz gleichgültig, ob du dich an eine Katze erinnerst oder ob es einfach die Vorstellung einer Katze war, sie ist doch Teil deines Geistes. Das ist ein Beispiel dafür, wie der Geist arbeitet. Öffne jetzt wieder die Augen und schaue auf deine Hand. Deine Hand ist Teil deines Körpers. Sie ist aus Fleisch, einfach und offensichtlich. Stelle dir jetzt wieder das Bild der Katze vor. Es spielt keine Rolle, wie genau du es siehst. Halte die Augen geschlossen. Und halte die Katze im Blick, schaue auf die Katze und nimm gleichzeitig denjenigen wahr, der die Katze sieht, dem die Katze bewusst ist. Das bist du! Das ist es, was wir mit dem bewussten Wesen, mit der Seele meinen. Da bist du und du nimmst die Katze wahr. Versuche es noch einmal. Schließe wieder die Augen und stelle dir die Katze vor. Beachte jetzt denjenigen, dem die Katze bewusst ist. Versuche nicht, den oder das anzusehen, das da schaut. Wenn du versuchst, deine eigene Bewusstheit anzuschauen, bewegst du dich weg davon, denn du selbst bist es, der oder die bewusst ist. Beachte dich einfach nur, nimm deine eigene Bewusstheit wahr. Nimm wahr, dass du es bist, dem die Katze bewusst ist.

Versuche jetzt, der Bewusstheit eines anderen gewahr zu sein! Schaue zuerst auf seinen Körper. Was nimmst du wahr? Richte dann deine Aufmerksamkeit auf seine Persönlichkeit. Was nimmst du jetzt wahr? Richte deine Aufmerksamkeit jetzt auf den anderen als ein bewusstes Wesen. Was nimmst du diesmal wahr? Wiederhole diese drei Arten der Aufmerksamkeit so lange, bis es dir gelingt, deine Aufmerksamkeit gezielt auf einen anderen als ein bewusstes Wesen zu richten.

Sterbende Menschen beginnen, sich aus ihrem Körper zu lösen. Für sie ist es deshalb viel einfacher wahrzunehmen, dass der Körper der Körper ist, dass der Geist der Geist ist und dass sie selbst es sind, der sich des Geistes und des Körpers bewusst ist. Der Körper, der Geist und *die Seele als bewusster göttlicher Kern* sind die drei grundlegenden Aspekte des menschlichen Wesens. Das ist der wichtigste Punkt beim Kontakt mit Menschen, die dem Tode nahe sind. Es ist wichtig zu verstehen, dass dieser *bewusste* Kern in jedem Menschen unabhängig von Körper und Geist existiert und – in seiner Gleichheit – uns alle miteinander verbindet. Menschen, die dies realisiert haben, können Sterbenden während des Sterbens eine gute Begleitung geben und auch den eigenen Sterbeprozess leichter durchschreiten.

Wenn das Wissen um die göttliche Natur der eigenen Seele fehlt, klammern sich Sterbende am Leben fest. Das macht den ganzen Prozess sehr schwierig, mühsam und hart für den Sterbenden und für die anderen Anwesenden. Es ist verständlich, dass ein Mensch, der glaubt, sein Körper zu sein, an diesem Körper hängt. Und der Körper hat einen starken, tiefverwurzelten Überlebensinstinkt. Wenn jemand überzeugt ist, dass er der Körper ist, dann wird er es sehr schwer haben, ihn loszulassen. Ebenso lässt eine starke Verhaftung an die Dinge des Lebens uns gegen den Tod ankämpfen. Erst unser Nicht-Bereitsein zu sterben macht den Tod zu einer leidvollen Erfahrung. Oft tun Menschen alles, um die Situation ihres nahen Todes zu verdrängen. Auch Angehörige, Ärzte und das Pflegepersonal unterstützen diese Verleugnung aus Angst vor der emotionalen Reaktion des Sterbenden. Sie wollen dem Sterbenden kein Leid zufügen oder fühlen sich unfähig, Trost und Hilfe zu geben. Deshalb unterstützen sie die Verleugnung und erschaffen damit größeres Leiden. Es gibt viele Diskussionen darüber, wie lange Ärzte das Leben verlängern sollten. Es wird rechtlich und ethisch argumentiert. Es spricht sicher einiges dafür, Leben zu erhalten, aber wir sollten uns fragen, auf welche Weise und um welchen Preis. Wenn dem Sterbenden große Dosen Beruhigungsmittel verabreicht werden, so dass er nicht mehr weiß, was mit ihm geschieht, dann wird ihm das nicht helfen, bewusst und absichtsvoll zu sterben. Nur in einer Gesellschaft, in der man völlig davon überzeugt ist, dass wir unsere Körper sind, benutzt man Schläuche und Maschinen, um das Leben zu verlängern. Wenn eine Gesellschaft als Ganzes versteht und annimmt, dass jeder einzelne Mensch in seinem Kern ein göttliches Wesen ist, wird sie nicht länger versuchen, den Körper so lange als möglich zu bewahren. Wenn wir wissen, was geschieht, sobald wir den Körper verlassen, wird sich unser Umgehen mit dem Sterben völlig verändern. Deshalb ist es wichtig, Menschen darüber aufzuklären, was während des Todes tatsächlich vor sich geht. Das, was den Tod so schwierig macht, ist unser Verhaftetsein am Leben. Wir wollen leben und wehren uns gegen die Realität des Todes. Dadurch wird das Sterben zu einer schrecklichen Erfahrung. Wenn man sich ihm *nicht* widersetzt, ist das Sterben einfach. Es ist jedoch unmöglich, friedlich zu sterben, wenn man sich dem Tod gegenüber nicht öffnet. So sehr wir uns aber auch an das Leben klammern, wir werden doch früher oder später an den Punkt kommen, an dem wir einsehen müssen, dass dieser Körper uns nichts mehr nützt. Wenn das geschieht und wir den Körper loslassen, stirbt der Körper. Der Tod tritt ein und wir trennen uns von unserem Körper.

Wenn du einen anderen Menschen durch den Sterbeprozess begleitest, dann solltest du ihm dabei helfen, sich für den Tod zu öffnen. Sei dir klar darüber, dass es für einen Menschen, der mit seinem Körper und seinem Geist identifiziert ist, sehr schwierig ist, sich der Realität des Todes, *seines* Todes zu stellen. Sei bereit, mit den starken emotionalen Reaktionen umzugehen, die auftreten können, wenn du einen Menschen über seinen nahen Tod informierst. Meist aber genügt deine Nähe und deine Bereitschaft, den Schmerz und die Angst des anderen zu empfangen, um ihm die Kraft zu verleihen, die Tatsache seines nahen Todes anzunehmen. Wenn es dir schwer fällt, in einer solchen Situation liebende Unterstützung zu geben, dann stelle dir vor, du selbst wärest in der Situation des anderen. Was bräuchtest du? Gib das dem anderen. Habe auch den Mut, offen über das Sterben zu sprechen, damit der Sterbende sich entscheiden kann zu sterben und ihm so viel Schmerz und Leid erspart bleibt. Es ist eine große Aufgabe, einen Menschen in diesem Prozess des Übergangs vom Leben zum Tod zu begleiten. Es kann für euch beide eine zutiefst befriedigende und beglückende Erfahrung werden.

Falls der Tod offensichtlich ist und die medizinischen Prozeduren offenbar keinen Erfolg mehr haben, ist es gut – sofern möglich – den Sterbenden aus der Krankenhaus-Umgebung herauszunehmen. Er sollte von Freunden und von seiner Familie umgeben sein, falls die Familie zu seinen Freunden zählt. Wichtig ist eine freundliche, ruhige, saubere Atmosphäre, ohne Hektik, ohne Eile und ohne Schwere. Idealerweise ist es eine spirituelle Atmosphäre, in der die Aufmerksamkeit auf Gott, der Wahrheit und auf dem liegt, was wir wirklich sind. Wenn der Sterbende die Tatsache seines nahen Todes nicht verdrängt, wird er sich zu diesen Themen hingezogen fühlen, auch wenn sie ihn vorher nicht interessiert haben. Oft beginnt in der Nähe des Sterbens eine tiefe Auseinandersetzung mit dem vergangenen Leben. Erinnerungen an Fehler und Unreinheiten tauchen im Bewusstsein des Sterbenden auf und belasten ihn. Unterstütze ihn in diesem Prozess, indem du ihm bereitwillig und ruhig zuhörst. Versuche, nicht zu reagieren, nicht zu bewerten oder abzuwiegeln, nicht seinen Schmerz zu trösten oder ihm die Schwere der Erfahrung wegzunehmen. Du würdest damit nicht ihm einen Gefallen tun, sondern nur dir selbst. Sei einfach bei ihm und richte deine Aufmerksamkeit auf eine liebende und offene Weise auf den Sterbenden, auf sein bewusstes Wesen. Versuche ihn zu verstehen. Hilf ihm, sich selbst und anderen zu vergeben, indem du bewertungsfrei seine Kommunikationen empfängst und annimmst. Richte deine Aufmerksamkeit auf das bewusste, göttliche Wesen, das er ist, und schaffe so eine Atmosphäre von Verstehen und Vergebung.

Auch wenn sich jemand in einem Koma befindet, kannst du zu ihm reden. Setze dich an seine rechte Seite und sprich in sein rechtes Ohr. Du musst dich nicht ganz hinunter beugen. Sitze einfach da, rede mit ihm und nimm an, dass er versteht, was du sagst. Richte deine Aufmerksamkeit auf das bewusste Wesen und sprich dieses Wesen an. Unterstütze den Sterbenden dabei, sein Verhaftetsein an das Leben loszulassen und mit den Menschen Kontakt aufzunehmen, mit denen er noch unvollständige Kommunikationen und Situationen hat. Er kann dann diese Dinge auf der feinstofflichen, geistigen Ebene vervollständigen. Die Geschehnisse auf dieser feinstofflichen, ätherischen Ebene sind wahre Begebenheiten, nicht erledigte Kommunikationen und Bekenntnisse können deshalb dort vervollständigt werden. Selbst wenn du nicht in der Lage bist, einem Sterbenden räumlich nahe zu sein, sondern hunderte oder tausende Kilometer von ihm entfernt bist, so kannst du ihn doch erreichen. Während du laut zu ihm sprichst, solltest du dir diese Person im Geiste vorstellen. Lass dich nicht durch Zweifel davon abhalten, zu Sterbenden Kontakt aufzunehmen. Wenn du jemandem in der Todeserfahrung helfen willst, so tue es und geh davon aus, dass du mit ihm kommunizieren kannst. Es kann keinen Schaden anrichten, sondern sehr viel Gutes bewirken.

Wenn du selbst in der Situation des Sterbens bist, versuche die Realität des nahen Todes anzunehmen. Wenn du dazu bereit bist, dann ersparst du dir und anderen viel Leid. Entscheide dich zu sterben! Das wird dir sehr viel leichter fallen, wenn du erkennst, dass du ein unsterbliches, göttliches Wesen bist, das unabhängig von Körper und Geist existiert. Oft müssen Menschen sehr viel leiden, bevor sie den Tod dem Leben vorziehen. Dieses Leiden kannst du dir ersparen, wenn du bereit bist, dich der Realität deines Todes zu stellen.

Konsequenzen für das eigene spirituelle Wachstum

In diesem abschließenden Kapitel werden wir kurz beschreiben, welche Schlüsse aus diesem Buch gezogen werden könnten, und werden dazu auch ein paar ganz konkrete Anleitungen geben, die die Übertragung ins eigene Leben erleichtern werden. Darüber hinaus aber liegt es an jedem Einzelnen, *persönliche* Schlüsse zu ziehen und sie – so weit möglich – ins eigene Leben zu übertragen. Denn ausschlaggebend sind die *eigenen* inneren Maßstäbe, die sich allerdings im Laufe der Zeit verändern und verfeinern können.

Sterben ist Loslassen. Es sind unsere Anhaftungen, die uns das Sterben erschweren. Wir haften an Dingen, die uns wichtig sind, an Menschen, die wir lieben, an festen Standpunkten oder Anschauungen. Neben der Angst vor körperlichen Schmerzen ist es das Wissen um den Verlust all' dieser Dinge, das uns Angst vor dem nahenden Tod macht. Damit unser eigenes Sterben nicht so schmerzhaft wird, ist es eine gute Übung, bereits im Leben jeden Tag von unseren Verhaftungen und Bindungen ein Stück Abschied zu nehmen, jeden Tag ein Opfer zu bringen, etwas loszulassen oder wegzugeben, das uns wertvoll ist. Es bringt nichts, etwas wegzugeben, das uns unwichtig ist, etwas, das wir sowieso nicht mehr brauchen oder von dem wir zu viel haben. Ein Opfer ist es erst dann, wenn's ein bisschen weh tut. Auch dem Christentum ist dieses Denken sehr vertraut – aber ein Grauen für weltliche Menschen, die eher haben als geben wollen. Wir denken, dass wir Dinge oder Menschen besitzen, aber wer besitzt da eigentlich wen?

Wir haften nicht nur an materiellen Dingen, sondern auch an unseren Standpunkten, Glaubenseinstellungen und unserem Ruf. Aber auch diese vergehen im Tod. Der *Opferplatz,* an dem wir im Leben lernen können, all diese Dinge loszulassen, sind unsere Beziehungen mit anderen Menschen. Wie oft ist uns ein Standpunkt wichtiger als die Harmonie in der Beziehung? Aber was nutzt ein Standpunkt, wenn wir irgendwann damit allein sind? So sind unsere Beziehungen der Ort, diese Art des Loslassens zu üben. Bis wir irgendwann auch lernen müssen, diese Beziehungen loszulassen und zu *opfern.*

Durch die Trennung vom materiellen Körper ist im Tod die spirituelle *Wahrheit* unserer Existenz viel leichter zu erfahren als in der Phase der Verkörperung. Das zentrale Problem dabei sind unsere Schuldgefühle, nämlich die Diskrepanz zwischen den Wahrheitserfahrungen im Nach-Tod und unserem Handeln im vergangenen Leben. Schuldgefühle entstehen, wenn unser Verhalten von unseren eigenen inneren Maßstäben abweicht. Um im Nach-Tod keine Schuld zu erfahren, müssten wir uns im vergangenen Leben nach der Devise verhalten haben: „Was du nicht willst, das man dir tu', das füg' auch keinem anderen zu." Tatsächlich aber haben die wenigsten von uns in ihrem Leben nach diesem Prinzip gelebt. Wir haben eher die *Unterschiede* zwischen uns und anderen betont, als dass wir nach dem Maßstab von Gleichheit gehandelt hätten. Im Nach-Tod wird diese Gleichheit aller Wesen aber als Wahrheit *erfahren* und damit zum Maßstab, an dem wir unsere vergangenen Handlungen messen. Sich selbst und anderen ihre Schuld zu vergeben, ist dann eine Handlung, mit der wir dieser Gleichheit entsprechen.

Wenn wir beginnen zu begreifen, dass der Tod nicht das Ende des Lebens ist, sondern die Möglichkeit der ewigen Glückseligkeit in sich trägt, dann hilft uns dieses Wissen, unser Leben rechtzeitig entsprechend zu gestalten. In Einklang mit dieser *Wahrheit* zu leben, ist nicht nur die perfekte Vorbereitung auf den Nach-Tod, es ist auch der Weg zu einem erfüllten und glücklichen Leben hier auf der Erde. Todesbücher dienen also nicht nur den Verstorbenen, sondern sind eigentlich noch viel wichtiger für die Lebenden. Wir verdrängen nur allzu oft, wie nahe uns der Tod jederzeit ist. Jeder von uns weiß von Freunden, Bekannten, die plötzlich und unerwartet gestorben sind. Wenn wir morgen sterben müssten, was wäre zu tun? Wie müssten wir – im Bewusstsein, dass der Tod jederzeit eintreten könnte – unser Leben regeln oder ordnen? Was können wir tun, um uns auf den Tod und auf die Zeit nach dem Tod vorzubereiten? Wir sollten unser Leben *aufräumen*!! Dies wird helfen, im Augenblick des Todes leichter loszulassen, es mildert das Leiden unseres Sterbens und vergrößert die Möglichkeit, Befreiung zu erlangen. Wenn wir beginnen, andere besser zu behandeln, dann werden wir uns weniger schuldig fühlen und im Nach-Tod weniger Schmerzen erleiden müssen. Das ist eine sehr große Aufgabe, eigentlich ein Langzeit-Projekt, und es wäre gut, im Leben möglichst frühzeitig damit zu beginnen. Was also gibt es zu tun? Eigentlich ist es Sache unserer Leser, hierüber zu reflektieren und *eigene* Schlüsse zu ziehen. Wenn wir trotzdem auf diese Frage antworten, dann sollte dies als Hilfestellung angesehen werden, aber nicht als Ersatz für die eigene Arbeit, die an dieser Stelle zu leisten ist.

Das Ordnen des Lebens kann viele Bereiche betreffen: Die Qualität unseres Kontaktes mit anderen (beruflich oder privat), ein Gespräch, das wir schon lange hätten führen müssen, der Keller, der darauf wartet, aufgeräumt zu werden. Genauso gut aber auch Dinge, die etwas mit unserem eigenen Tod zu tun haben: unser Testament, die finanzielle Situation, ungeklärte Besitzverhältnisse, eine Entschuldigung bei jemanden, den wir verletzt haben. Was letztlich zu tun ist, was *wirklich* wichtig ist, weiß jeder nur für sich selbst. Unerledigte Dinge oder chronische Probleme erzeugen Verwirrung im Geist. Sie binden unsere Energie und wir kommen nicht zu den Dingen, die uns wirklich am Herzen liegen und die uns neue Kraft geben könnten. Es geht also um Klarheit und darum, Dinge zu vollenden und abzuschließen. Nichts ist schöner, als einen klaren Geist zu haben und ein ruhiges Gewissen. Zusammengefasst ergeben sich mehrere Aspekte oder Handlungsfelder, die unserer Aufmerksamkeit bedürfen:

Reflektion

Wir sollten über Leben, über Tod und über das eigene Sterben nachdenken und versuchen, den Tod als Teil des Lebens anzunehmen. Es kann auch wichtig sein, darüber nachzudenken, wie wir gern leben würden, falls wir nur noch ein Jahr zu leben hätten. Was wäre dann *wirklich wichtig?* Der Tod ist ein weiser Ratgeber!

Ethisches Verhalten

Wir sollten vor allem versuchen, andere Menschen und Lebewesen gut zu behandeln. Welche Eigenschaften oder Tugenden müssten wir entwickeln, um mit uns selbst, mit anderen Menschen oder Wesen und mit dem Leben selbst besser umzugehen?

Beziehungen klären

Es wäre gut, die Beziehungen zu anderen Menschen zu klären und unerledigte Kommunikationen zu vervollständigen. Falls wir Menschen schlecht behandelt oder verletzt haben, so sollten wir uns bei ihnen entschuldigen und eventuell unser Versagen wieder gutmachen (wo nötig und wenn möglich). Falls dies alles nicht möglich ist, wäre es gut, diese Schuld einer Person unseres Vertrauens zu bekennen und die Scham und Reue zu *fühlen*, die damit verbunden sind. Wichtig ist auch, sich selbst und anderen zu vergeben.

Zyklen schließen

Wir sollten all die Dinge erledigen, von denen wir denken, dass sie getan werden sollten. Ist die finanzielle Situation geregelt? Ist der Nachlass geregelt? Wenn nicht, so sollten wir ein Testament schreiben. Es wäre gut, eine Liste zu erstellen von allen unvollständigen, unfertigen Vorhaben des eigenen Lebens und sich dann ein Vorhaben nach dem anderen vorzunehmen und es in die Tat umzusetzen.

Loslassen lernen

Wir sollten versuchen, alle unrealistischen oder unethischen Ziele loszulassen und unsere Wünsche zu reduzieren und zu begrenzen. Dies betrifft auch Menschen, die wir gern hätten und nicht haben können. Vor allem aber betrifft es die eigene Wichtigkeit!

Hingabe zu Gott

Für Menschen, die wirklich *Erlösung* erreichen wollen, ist es wichtig, dass bereits während des Lebens die Liebe zum Göttlichen zur normalen inneren Haltung wird. Es geht um eine Haltung der Hingabe, um die Unterordnung des eigenen, kleinen Ego-Willens unter den großen Willen des Absoluten. Obwohl dann sofort die Frage auftaucht, wie wir denn *wissen* können, was Gott von uns will. Im Christentum, aber auch in den Schriften der Mystiker anderer Religionen, wird von der *Stimme* Gottes gesprochen, die sich irgendwann in uns meldet und dann zum *inneren Führer* wird. Im Buddhismus wird diese Stimme der *weise Führer* genannt.

Am Abend unseres Lebens werden wir nach unserer Liebe gerichtet werden.
JOHANNES VOM KREUZ

Die esoterische Tiefe der Weltreligionen neu entdecken

Schlusswort

Die christlichen Kirchen haben heute für viele Menschen leider nicht mehr die moralische Integrität und Autorität, die nötig wäre, um auf ihre Lehren zu hören. Hinzu kommt, dass diese Lehren vielfach in einer Sprache vermittelt werden, die eigentlich nur noch Insidern zugänglich ist. Von kirchenfernen Christen wird die traditionelle Sprache eher als fremd erfahren, sie erschwert den Zugang zu den *eigentlichen* Wahrheiten *hinter* diesen Lehren. Religiöse Institutionen, vor allem, wenn sie schon sehr lange etabliert sind, verlieren irgendwann das inspirierende, geistliche Feuer ihres Anfangs und werden rechthaberisch, behäbig und unbeweglich. Deshalb fällt es ihnen schwer, sich den schnellen Entwicklungen der heutigen Zeit zu stellen und auf sie zu antworten. Während sie noch versuchen eine Neuerung von gestern in ihr System zu integrieren, hat sich um sie herum die Welt schon wieder verändert. Sie versuchen mit Worten und Mitteln längst vergangener Zeit, Menschen für sich zu gewinnen, die aber dem Denken, dem Bewusstsein der heutigen Zeit angehören. Sie versuchen mit kraftlosen, wenig charismatischen „Funktionären", die zerbröckelnden Institutionen wieder zu neuem Leben zu erwecken. Aber vielleicht ist dies nicht ihre Aufgabe in einer Zeit, die laut den östlichen Religionen nicht vom *erhaltenden* Aspekt Gottes beeinflusst ist, sondern von seinem *auflösenden* Aspekt. Die Yogis sehen unser derzeitiges Zeitalter als das dunkle Zeitalter an. Das bedeutet, dass der Zugang zu den höchsten Wahrheiten erschwert ist und die Vorstellungen von den Vorgängen des Lebens, des Todes und des Nach-Tods sehr oberflächlich sind. Am Ende des dunklen Zeitalters aber wird altes, tieferes Wissen wieder frei und gerät in Konflikt mit bisherigen Vorstellungen und Werten. Die Zukunft des Christentums (eher: die Zukunft der Kirchen) wird in starkem Maße davon abhängen, ob ihre „Funktionäre" die moralische Integrität und Autorität zurückgewinnen können – und wieder Charisma bekommen. Eine zweite Frage wird sein, ob sie bereit sein werden, ihre Sprache so zu benutzen, dass sie verstanden werden. Andererseits wird es auch davon abhängen, ob es Menschen gibt, die sich erreichen lassen *wollen*. Dass ein Bedürfnis nach Religion vorhanden ist, zeigen neue religiöse Bewegungen und das allgemeine Interesse an Spiritualität, vor allem in alternativen Kreisen.

Wissenschaft wird oft in Opposition zu religiösen Wahrheiten gesehen und tatsächlich ist die normale, materialistisch geprägte Wissenschaft weit vom Verständnis spiritueller Wahrheiten entfernt. Aber auch wissenschaftliche Wahrheiten sind nicht vom erweiterten Bewusstsein der modernen Zeit verschont geblieben und so lösen sich heute – im Zeitalter der Quantenphysik – die bisherigen Grenzen zwischen Religion und Wissenschaft auf. Offensichtlich geht es in der Zukunft nicht darum, uns in die Sicherheit fester Standpunkte und Ansichten zu flüchten, sondern darum, der Vergänglichkeit und Flüchtigkeit *einer jeden* Sichtweise ins Auge zu sehen. Wenn wir uns für diese Möglichkeit öffnen, dann gerät unser gefestigtes Weltbild ins Wanken. Dann gerät auch die Sicherheit der alten, vertrauten Glaubenssysteme ins Schwanken. Die Auflösung alter Glaubenssysteme aber erzeugt Spannung und Konflikte. Dies zeigt sich besonders deutlich bei religiösen Fanatikern, die glauben, die Entwicklung des Bewusstseins gewaltsam anhalten zu können, und die Menschen *zwingen* wollen, mittelalterliche Denkweisen aufrechtzuerhalten. Wenn alle Menschen in ihrem tiefsten Sein tatsächlich göttlich sind, dann ist das menschenverachtende Verhalten religiöser Extremisten wohl der verhängnisvollste Irrtum, den ein Mensch begehen kann. Es ist ein Irrtum zu glauben, dass man nach einem Mord im Paradies erwacht. Wer dies tut und andere Menschen dazu ermutigt, macht sich schuldig an seiner eigenen göttlichen Seele und verneint die Göttlichkeit seiner Opfer. Er bezahlt diesen Irrtum mit dem Verlust des ewigen Lebens. Die Auflösung alter Sichtweisen und Werte ist darum auch nicht unbedingt ein Fluch, sie kann genauso gut ein Segen sein. Viele Kriege, viel Schmerz und Leid haben ihre Ursache in den völlig oberflächlichen Auslegungen spiritueller Wahrheiten. Welchen Wert hat es, weiter darauf zu bestehen, als *Einziger* im Besitz der *einzig* selig machenden Wahrheit zu sein, wenn dadurch Leid und Schmerz erwächst? Es ist an der Zeit, diese unseligen Unterschiede und dieses *Einzig* dem *auflösenden* Aspekt Gottes zu opfern, zum Segen aller und letztlich unserer selbst. Wir als Autoren haben mit unserem Buch versucht, die Unterschiede zwischen den Religionen zu überwinden. Diese Unterschiede gibt es nur scheinbar. Tatsächlich bestehen sie nur an der Oberfläche, in Bezug auf Rituale, Gebete und Lehren, nicht aber in Bezug auf die *esoterische Wahrheit* ihrer Lehren. Dieses

Buch über den Nach-Tod soll dazu dienen, den Schleier, der die eigentliche Wahrheit bedeckt, ein wenig zu heben. Wenn unsere eigene, tiefste Natur göttlich ist und wir tatsächlich Zugang zu diesem Bereich haben können, dann sind *alle* religiöse Regeln und spirituelle Methoden reale, gehbare Wege hin zur Erfahrung Gottes und zur Einheit mit dieser höchsten Wirklichkeit. Die alten Religionen sind in ihrer *eigentlichen* Lehre allesamt authentische Wege zur absoluten Wahrheit. Es ist nicht nötig, eine neue Religion zu gründen. Eher sollten wir endlich begreifen, dass es tatsächlich nur *einen* Gott, nur eine Wahrheit gibt, die Kern und *Quelle* aller Religionen mit ihren verschiedenen Lehren ist. Dann sind nicht länger die Sichtweisen (*Sicht*-weisen!) bedeutsam, sondern kann die *Realität* dieser Höchsten Wirklichkeit wieder *offenbar* werden. Wenn wir das von ganzem Herzen be- und ergreifen, dann geht das dunkle Zeitalter – das Zeitalter des Kampfes – zu Ende und ein neues, ein Goldenes Zeitalter kann beginnen.

Literaturhinweise

Allgemein
Constance Jones,
Der Tod, Alles über Leben und Sterben, München-Zürich, 2000

Helmut Aichelin ...,
Tod und Sterben, Deutungsversuche, Gütersloh, 1978

Günter Baust
Sterben und Tod, Medizinische Aspekte, Berlin, 1988

Philosophie und Religionswissenschaft
Günter Altner,
Tod, Ewigkeit und Überleben, Todeserfahrung und Todesbewältigung im nachmetaphysischen Zeitalter, Heidelberg, 1981

Johannes Schwartländer (Hrsg.)
Der Mensch und sein Tod, Göttingen, 1976

Buddhismus / Tibetischer Buddhismus
Das Tibetische Totenbuch oder die Nach-Tod-Erfahrungen auf der Bardo-Stufe (nach der englischen Fassung des Lama Kazi Dawa-Samdup),
W.Y. Evans-Wentz (Hrsg.), 6. Auflage, Zürich 1953

Het Tibetaanse Dodenboek, volgens Lama Kazi Dawa-Samdup's Engelse vertaling van het Bardo Thödol, in samenwerking met W.Y. Evans-Wentz, voorwoord van Lama Anagarika Govinda (1960)
12e druk, Deventer (NL), 2001 (1971)

Albrecht Frasch (Übersetzung)
Bardo Thosgröl, Die Befreiung durch Hören im Zwischenzustand (Das sogenannte 'Tibetische Totenbuch'), 1987 (wahrscheinlich), Selbstverlag

Lama Anagarika Govinda,
Grundlagen tibetischer Mystik, 2. Auflage, Zürich 1956

Detlef-Ingo Lauf,
Geheimlehren Tibetischer Totenbücher, Jenseitswelten und Wandlung nach dem Tode, Ein west-östlicher Vergleich mit psychologischem Kommentar, 4. Auflage, Braunschweig 1994 (1975)

Lexikon der östlichen Weisheitslehren, Buddhismus-Hinduismus-Taoismus-Zen, Sonderausgabe, 2. Auflage, Bern, München, Wien 1994 (1986)

Sogyal Rinpoche
Das tibetische Buch vom Leben und vom Sterben, Ein Schlüssel zum tieferen Verständnis von Leben und Tod, mit einem Vorwort des Dalai Lama, Bern, München, Wien, 1993

Christentum
Hansjakob Becker (Hrsg.),
Im Angesicht des Todes, interdisziplinäres Kompendium I u.II, St. Ottilien, 1987

Für das Thema unseres Buches sind folgende Beiträge erwähnenswert:

    Otto Böcher,
    Die ausgebliebene Parusie. Und die Toten in Christus?
    Enderwartung und Jenseitshoffnung im Neuen Testament.

    Karl-Fritz Daiber,
    Reinkarnationsglaube als Ausdruck individueller Sinnsuche,
    Das Beispiel: Shirley MacLaine „Zwischenleben".

    Balthasar Fischer,
    Ars moriendi,
    Der Anselm von Canterbury zugeschriebene Dialog mit einem Sterbenden.
    Ein untergegangenes Element der Sterbeliturgie und der Sterbebücher des Mittelalters.

    Philipp Harnoncourt,
    Die Vorbereitung auf das eigene Sterben,
    Eine verlorene Dimension spiritueller Bildung.

    Otto Hermann Pesch,
    Theologie des Todes bei Martin Luther.

Gion Condrau
Der Mensch und sein Tod, certa moriendi condicio, Zürich, Einsiedeln, 1984

Heinrich Denzinger,
Kompendium der Glaubensbekenntnisse und kirchlichen Lehrentscheidungen, 37. Auflage,
Freiburg i.B.-Basel-Rom-Wien 1991

Deutsche Bischofskonferenz (Hrsg.)
Katholischer Erwachsenen-Katechismus, 2. Auflage, Bonn 1985

Deutsche Bischofskonferenz, Sekretariat der (Hrsg.)
Unsere Sorge um die Toten und die Hinterbliebenen, Bestattungskultur und Begleitung von Trauernden aus christlicher Sicht, Bonn 1994

Gisbert Greshake
Tod – und dann? Ende – Reinkarnation – Auferstehung, Der Streit der Hoffnungen,
Freiburg i.Br. 1988

Johannes Paulus II., Hrsg.: Norbert u. Renate Martin, Dieter Josef Hilla
Jesus Christus, der Erlöser, Katechesen 1986 – 1989, St. Ottilien 1993

Katechismus der Katholischen Kirche, München 1993

Francis Xavier Murphy, Polycarp Sherwood,
Konstantinopel I und II, in:
Gervais Dumeige, Heinrich Bracht, Geschichte der ökumenischen Konzilien, Mainz 1990
(Bd. 3),

Josef Neuner S.J., Heinrich Roos, S.J.,
Der Glaube der Kirche in den Urkunden der Lehrverkündigung, Regensburg 1948, 2. verbesserte Auflage (hrsg. von Karl Rahner S.J.)

Karl Rahner, Herbert Vorgrimler
Kleines Konzilskompendium, Sämtliche Texte des Zweiten Vatikanums, Freiburg i.Br. 1966

Joseph Ratzinger
Einführung in das Christentum, Vorlesungen über das Apostolische Glaubensbekenntnis,
München 1985

Joseph Ratzinger
Eschatologie – Tod und ewiges Leben, 2. Auflage, Regensburg 1978
(Band IX der Reihe „Kleine katholische Dogmatik" (Hrsg.: Johann Auer und Joseph Ratzinger)

Karl Erwin Schiller,
Sterben – und was dann? Wien–Linz–Passau, (ohne Jahrangabe),

Michael Schlagheck (Hrsg.)
Theologie und Psychologie im Dialog über Sterben und Tod, Paderborn, 2001

Weitere Bücher aus dem Verlag Via Nova:

Medizin für die Seele
Lebens- und Seelenkräfte im Alltag mobilisieren
Prof. Franz Decker
Paperback, 224 Seiten, 32 Grafiken
ISBN 978-3-86616-115-3

Für viele Menschen ist es heute sehr schwierig, den Herausforderungen des Alltags in unserer komplexen, schnelllebigen Welt gerecht zu werden, das eigene Leben selbstverantwortlich zu gestalten und sinnvoll und erfüllt zu leben. Prof. Franz Decker zeigt in seinem Buch diese Probleme auf, aber auch Möglichkeiten, die „Überlebenskräfte", die unerschöpflichen Kraftquellen der Seele und des Geistes, zu wecken und zu entwickeln, um in seelischem Gleichgewicht, mit Freude, Gelassenheit, Mut und Zuversicht das Leben zu bestehen. Das Buch erwuchs aus eigener Erfahrung und basiert auf den neuesten Erkenntnissen, dass durch eine entsprechende Neuorientierung und Seelenprogrammierung ein erfülltes und ausgeglichenes Leben möglich ist. Beispiele veranschaulichen und überzeugen. Es bietet sehr einprägsam ein Programm zur Förderung der Lebens- und Seelenkräfte im Alltag sowie Übungen zur Entspannung, Besinnung, Meditation, mentalen Lebensänderung und emotionalen Stabilisierung.

Koma – Ein Weg der Liebe
Ratgeber für Familie, Freunde und Helfer
Amy Mindell
Broschur, 352 Seiten, über 100 Zeichnungen
ISBN 978-3-928632-76-8

„Koma – Ein Weg der Liebe" ist die umfassendste und genaueste Anleitung für den gewaltfreien Umgang mit Menschen im Zustand des Komas, die es heute gibt. Im Unterschied zur bisher meist angewandten Schocktherapie geht Amy Mindell von der durch Erfahrung gewonnenen Einsicht aus, dass sich Menschen im Koma in einem völlig veränderten Bewusstseinszustand befinden. Ihre Therapie besteht darin, die Menschen auf ihrer inneren Reise liebevoll zu begleiten, mit ihnen Kontakt aufzunehmen und ihnen Mut und Vertrauen zu vermitteln. Sie sollen nicht Objekt einer Therapie sein, der sie passiv ausgeliefert sind, sondern darin unterstützt werden, aktiv ihren Heilungsprozess selbst zu beeinflussen. Dies ist ein völlig neuartiger Ratgeber für Angehörige von Menschen im Koma und ihr Pflegepersonal, der ihnen aus langer Erfahrung gewonnene praktische Hilfen und Übungen an die Hand gibt.

Mit Buddha auf dem Pfad der Weisheit
Die Übung des Alltags als spirituelle Aufgabe
Max Lang
Paperback, 208 Seiten
ISBN 978-3-86616-100-9

Ist die Lehre des Buddha mit der Rede von Gott vereinbar? Muss, wer sich spirituell zum Osten hin orientiert, auf seine christlichen Wurzeln verzichten? Dieses Buch bietet in der Antwort auf diese Fragen einen völlig neuen Ansatz. Es geht über einen bloßen Vergleich zwischen Jesus und Buddha hinaus. Zunächst erwartet den Leser eine kompakte und profunde Darstellung dessen, was wir mit Gott bezeichnen, und den Lehren der „Fahrzeuge" des Buddha. Daraus kann der Autor die Verbindungslinien der beiden Weisheiten bis hin zu einer gemeinsamen Essenz aufzeigen. In einem eigenen Abschnitt finden sich konkrete Beispiele zur spirituellen Gestaltung und Bewältigung des Alltags. Anstelle trockener Erörterungen hat der Autor das Buch hier mit einer unverwechselbar persönlichen Note versehen.

Die Angst ist ein seltsamer Vogel
Wie wir Ängste und Blockaden spielerisch überwinden können

Matt Galan Abend

Hardcover, 144 Seiten, 10 Zeichnungen
ISBN 978-3-86616-106-1

Noch nie war das menschliche Leben so angstbesetzt wie heute: Existenzangst, Versagensangst, Angst um den Arbeitsplatz, Angst vor Verarmung, dem Alter, vor Krankheit, dem Alleinsein usw. usw. Für den Autor lautet die alles entscheidende Frage: Habe ich Angst – oder hat die Angst mich? Wer hat wen? Wer geht mit wem um? Matt Galan Abend entlarvt zunächst die Angst als Software unseres Unterbewusstseins, beschreibt Ursachen und Hindernisse, weshalb die Angst so bedrohlich ist und unüberwindbar scheint. Er lehrt, wie man sich von der Angst trennen und die Identifikationen mit ihr auflösen kann. Der Autor personifiziert die Angst in diesem Buch mit der Figur des seltsamen Vogels und zeigt darüber hinaus einen Weg, wie wir Ängste und Blockaden auch aus unserer unbegrenzten, geistigen Ebene heraus heilen können.

Zehn praktische Schritte zu neuer Gesundheit und Lebenskraft
Chancen nach Krankheit, Operation und Trauma

Regina Sara Ryan

Paperback, 256 Seiten
ISBN 978-3-928632-87-4

Dieses Buch richtet sich an alle Menschen, die aufgrund einer Krankheit, eines Unfalls oder eines operativen Eingriffs der Heilung und Genesung bedürfen. Die Verfasserin zeigt einen sanften Weg durch Krankheit und Verletzung, der die seelischen, körperlichen und geistigen Bedürfnisse des Patienten gleichermaßen berücksichtigt. Sie macht deutlich, dass wir selbst angesichts eines noch so schweren Schicksalsschlages nicht zum Opfer der Umstände werden müssen, sondern Selbstverantwortung für unsere eigene Heilung übernehmen können. Immer wieder werden praktische Übungen wie Atem- und Entspannungsübungen angeboten, um geistige und körperliche Anspannung zu reduzieren und ein Gleichgewicht herzustellen, welches die wichtigste Voraussetzung für die Aktivierung der Heilungskräfte ist. Es ist ein praktisches Buch. Der ganzheitliche Ansatz beruht weiterhin auf dem Prinzip, dass jeder Tiefpunkt im Leben unzählige Wachstumschancen bietet, wenn wir bereit sind, uns der Herausforderung zu stellen.

Öffne dich dem Trost
Meditationen und Mandalas für die Trauerzeit

Angelika und Michael Kuhn

Gebunden, 48 Seiten, 22 vierfarbige Mandalas
ISBN 978-3-928632-35-5

Dieses Buch wendet sich mit meditativen Texten und wunderschönen Aquarell-Mandalas an Menschen, die sich von einer geliebten Person an der Schwelle des Todes verabschieden und dann ihren schmerzlichen Verlust verkraften müssen. Menschen, die sich dem Gedanken aufgeschlossen haben, dass das Sterben nicht nur Teil des Lebens, sondern dessen spiritueller Höhepunkt ist, können im bewussten Erleben von Abschied und Trauer ein großes eigenes spirituelles Wachstum erfahren. Eine meditative Versenkung in die Texte ermöglicht das „Loslassen" und stellt eine innere Offenheit her, in der der Trost als Geschenk empfangen werden kann. Jeder Text bringt eine andere Saite der Abschiedsgefühle zum Schwingen, und zu jedem gibt es ein Mandala, das ebenso zur Meditation einlädt.

Was mir meine Tiere schenken
Das Glück der Lamafrau

Maria Köllner

Paperback, 200 Seiten, 20 Fotos
ISBN 978-3-86616-111-5

Wie schon in ihrem ersten Buch „Die Lamafrau – mit Mut in ein neues Leben" lädt die Buch- und Filmautorin sowie Journalistin Maria Köllner die Leser auf ihren idyllischen Hof „Ave" in der Lüneburger Heide ein. Mit viel Gefühl und Humor beschreibt sie, nachdem ihre jüngste Tochter das Haus verlassen hat, ihr verändertes Leben, neue Begegnungen, Erlebnisse und Erfahrungen mit Tieren, mit Menschen und sich selbst. Glück, Vertrauen und Geborgenheit, Lebenskraft und Lebensfreude, die sie dabei empfindet, gibt sie an ihre Leser weiter. Dieses Buch – mit schönen, ansprechenden Fotos der Tierfotografin Angela Kraft – erzählt und veranschaulicht, wie ein Leben mit Tieren und der Natur spannend, erheiternd und bereichernd sein kann, besonders für die Menschen, die sich durch die Komplexität und Hektik der modernen, meist städtisch geprägten Welt gestresst und überfordert fühlen. Es ist eine Einladung in die wunderbare Vielfalt des Lebens.

Die heilende Kraft des Scheiterns
Ein Weg zu Wachstum, Aufbruch und Erneuerung

Claus Eurich

Hardcover, 128 Seiten
ISBN 978-3-86616-043-9

Ohnmacht und Scheitern zu erfahren ist ebenso alltäglich wie zu erleben, dass Erwartungen zerbrechen. In unserer Kultur werden diese schmerzhaften Lebenserfahrungen überwiegend verdrängt und als Schwäche des Menschen diskriminiert. Dieses Buch verändert den Blick auf das Scheitern grundlegend: fort vom Makel, hin zu den heilenden Aspekten. Es zeigt auf, dass Neues nur entstehen kann, wenn Altes sich auflöst bzw. zerbricht. Scheitern wird in diesem Blick zur Chance. Das Buch gibt Hinweise für eine entsprechende Gestaltung des Lebens. Es ist zudem in eine Zeit hinein geschrieben, die im Großen wie im Kleinen von Krisen geschüttelt ist, in der zugleich aber auch die Sehnsucht nach Aufbruch und Erneuerung überall spürbar ist. In Krisen und Grenzerfahrungen wird dieses Buch ein wertvoller Begleiter sein.

Durch Energieheilung zu neuem Leben
Atlas der Psychosomatischen Energetik

3. Auflage

Dr. med. Reimar Banis

Hardcover, 408 Seiten, Großformat, vierfarbig
ISBN 978-3-936486-15-5

Jeder Mensch, der mehr über sich, seinen unbewussten Charakter erfahren möchte, kann von diesem Buch nur profitieren. Der Leser findet Informationen aus allen Kultur-Epochen und spirituellen Disziplinen über die Lebensenergie, die Chakras und deren herausragende Bedeutung für Gesundheit, Lebensfreude und Sinnfindung im Leben. Der Autor verbindet das naturwissenschaftliche Weltbild mit Erkenntnissen der modernen Energiemedizin und uralter spiritueller Erkenntnisse. Ein neues Weltbild wird sichtbar, in dem die seelische Evolution des Einzelmenschen den eigentlichen Schlüssel darstellt. Dr. Banis schildert ein neues, einfaches System der Energiemedizin, das er entdeckt hat, um Energieblockaden in kürzester Zeit zu erkennen und zu heilen – die Psychosomatische Energetik.

Die Vision vom göttlichen Menschen
Eine spirituelle Weg-Begleitung in das neue Jahrtausend
Barbara Schenkbier
Paperback, 424 Seiten, 21 ganzseitige Bilder – ISBN 978-3-928632-68-3
Prachtband: Geb., 424 Seiten, Einband Kunstleder mit Goldaufdruck,
21 ganzseitige Bilder, Zweifarbendruck – ISBN 978-3-928632-18-8

Das Buch ist ein umfassendes Standardwerk, das den Durchbruch einer neuen Evolutionsstufe im Bewusstsein des Menschen vorbereiten hilft. Aufbauend auf wissenschaftlichen Erkenntnissen und der mystischen Tradition aller Religionen führt es zu einem tieferen Wissen über das menschliche Bewusstsein, um dann den Weg zum göttlichen Menschen zu beleuchten. Alle wichtigen Schritte werden beschrieben, wesentliche Übungen aus einer neuen Sicht heraus dargestellt und die Transformationsstufe zu einem neuen Bewusstsein geschildert. Beim Lesen und Anwenden der beschriebenen Wahrheiten eröffnet sich dem Leser eine neue Sicht auf den Sinn des Lebens. Alle, die den geistigen Weg beschreiten, werden ihn besser verstehen, ihn bewusster, mutiger und konsequenter weitergehen. Das Buch ist aus der eigenen spirituellen Erfahrung der Autorin heraus geschrieben und eröffnet den Blick in eine Zukunft, die die evolutionäre Schöpferkraft selbst schaffen wird.

Anders von Gott reden
2. Auflage
Willigis Jäger
Hardcover, 120 Seiten, 20 farbige Zenbilder
ISBN 978-3-86616-061-3

Der charismatische Benediktinermönch und Zen-Meister Willigis Jäger interpretiert in seinem Buch „Anders von Gott reden" biblische Texte, Ereignisse und Personen in einer neuen, ungewohnten Sichtweise als symbolische Darstellungen einer kosmisch-göttlichen Botschaft, die Evolution des Seins und des Lebens, den Menschen und die Natur als Manifestationen Gottes: Gott ist für ihn das Urprinzip, die Urkraft, die sich in jedem Augenblick ereignet, seine Schöpfung ist sein Tanz, der Mensch ein Tanzschritt, eine Welle im Meer des Göttlichen. Die christliche Botschaft wird erweitert und vertieft, christliche Feste wie Weihnachten, Erscheinung des Herrn, Ostern, Maria Himmelfahrt, auch Begriffe wie „Reich Gottes" und „Leid" erhalten durch seine Deutung und Erklärung eine mystisch-spirituelle Dimension, werden als Möglichkeiten zur Wiedergeburt, Auferstehung und Erfahrung des Göttlichen im Menschen gesehen und dargelegt. Wer auf der Suche nach einem tieferen und ganzheitlichen Verständnis seines Christseins ist, für den ist dieses Buch eine Offenbarung. Seine Denkanstöße, seine klare, eindringliche Sprache faszinieren und überzeugen.

Reifejahre
Lebensfreude und Sinnfindung
Prof. Manfred Stöhr
Paperback, 224 Seiten, mit 25 Fotos
ISBN 978-3-86616-076-7

Dieses Buch gibt vor allem älteren Menschen umfangreiche Informationen zu ihrer Lebenswirklichkeit. Es regt sie an, über sich und ihre Situation nachzudenken, sich selbst und ihr Alter anzunehmen und ihr Leben selbstbewusst und möglichst eigenständig zu gestalten. Der Autor zeigt vielfältige Möglichkeiten sinnvoller Betätigung und Beispiele geglückten Altwerdens auf, aber auch Gefahren, die das Alter belasten. Das Buch regt die Leser an, ihre Neigungen, Fähigkeiten und Möglichkeiten zu erproben und zu nutzen, auch gegen heutige Modetrends nach ihrem Gewissen zu leben, ihre Lebensziele zu verwirklichen, Sterben und Tod anzunehmen und nicht zu fürchten. Der Autor bezieht sich in seinen Aussagen über das Alter auf Philosophen, Religionsgründer und Schriftsteller von der Antike bis zur Gegenwart, bietet damit einen reichen Erfahrungsschatz, der dem Leser Mut und Gelassenheit schenken kann.